生活
認真
07

你可以很煩，但要馬上甩掉它

破百種小方法，讓你立即擺脫負面思考，保持正面行動的力量

POSITIVE THINKING Pocketbook

LITTLE EXERCISES FOR A HAPPY AND SUCCESSFUL LIFE

GILL HASSON

吉爾．海森——著
薛芷穎——譯

目次

第二部 正向思考與正面行動

第三部　讓正向思考成為習慣

第四部　逆境中的正向思考

作者序

思考：靈魂與自我的對談。

——古希臘哲學家柏拉圖

改變思考，就能改變人生，此話當真？

沒錯。是真的。

任何事物，都能以正、負面思考來解釋。所謂負面思考，是從悲觀角度來解讀想法或事件，可能讓人陷入恐懼、焦慮、失望、罪惡、憤恨等情緒而難以自拔；換作正向想法，對於你如何感受與回應特定狀況，則會有正面影響。人生中，會面臨各式各樣的情境，正向思考能激勵你擁有自信、樂觀以對。

之前我寫過一本《正向思考：藉正向思考找到快樂並達成目標》（*Positive Thinking: Find happiness and achieve your goals through the power of positive thought*）。有些讀者聯繫我，說那本書讓他們獲益良多，同時也體會到，正向思考從某方面來說能大大改變他們的人生；換言之，正向思考能大幅改變既有處事、思考模式，讓人生產生好的轉變。

這些讀者說，他們尤其熱愛實踐的指引與練習、訣竅、技巧、策略。因此，如今的這本書也歸納出許多重點，供讀者隨時提醒自己或做自我檢測。

本書的使用方式就像某位讀者所說的：「**可以跳著看，一次看一頁，哪一頁都行，大可不必拘泥要好好坐下來、中規中矩整本看完。對我這種懶人，再適合不過了！**」

本書共分為四大部分：

第一部分：當正向思考遇上負向思考

第二部分：正向思考與正面行動

第三部分：讓正向思考成為習慣

第四部分：逆境中的正向思考

第一部分會解釋正、負面思考之間的差異，以及我們為何會負面思考。也提出幾種方法，教人如何辨識、挑戰負面思考，進而讓思考模式轉向正向。

光憑正向思考，人生中的願望就能實現？當然不可能。光靠正向思考，無法讓你美夢成真；僅僅只是把願望放在心裡，在心中勾勒事情的理想樣貌，冀求夢想就此實現是沒用的。事實上，正向思考意味著要積極，無論處在何種情境，正向思考的同時還得展開正面行動。第二部分將說明，如何將正向想法轉化成正面結果。

正向思考需要練習。正向思考和行動愈頻繁，愈容易內化為習以為常的思考和行為模式。第三部分除了提出與人互動的正向方法之外，也將幫助你簡單改變目前所使用的語言，讓你的思考模式煥然一新。這在採取有益且正向的思考及行為模式上，大有幫助。

綜合前述，只要能正向思考，就能一生平安順遂？不。擁有正向樂觀的人生觀，不代表就此不受情緒困擾。正向的人依然會有煩惱，依然會感受到傷心、失望、罪惡、憤怒等情緒。然而，正向的人生觀能幫助他們找到出口，不致耽溺在於事無補的思緒裡，終至跌入深淵。

第四部分則指出人生中大多時候都不好過，有時更讓人倍感煎熬。這些時刻最需要正向思考。這部分章節列舉各式艱難情境，提出正面建議，藉以化解難以處理的情緒、失望和挫折感，帶領讀者走出創傷與不幸。

本書列出超過百種容易上手的訣竅、技巧和各種建議，運用的情況相當廣泛，隨時都可以應用正向思考。不妨隨身攜帶這本書，你將發現，正面力量隨手可得。而書中的各種技巧與建議，都能有效幫助你採取正向思考和行動。

正如音樂家、歌手威利．尼爾森所說的：「一旦你的正向思考取代了負面思考，你將收穫豐碩的正面結果。」

第一部

當正向思考遇上負面思考

了解正負面思考的力量

一旦你的正向思考取代了負面思考，你將收穫豐碩的正面結果。

——美國鄉村歌手　威利．尼爾森

我們可以從「解釋風格」，來了解何謂正向思考。解釋風格是指一個人如何解釋特定事件；對於事件發生與否的過程與原因，你會如何解讀、理解、釐清意義。

若是正面解讀某些事件或情境，代表你是以認同的角度，來看待發生於過去、現在和未來的事件或情境。普遍來說，你會看到別人最好的一面，也會正面看待自己或自身能力。你是相當樂觀的人，期待事情會獲得理想的結果。你並非不切實際，只是你知道事情不總是一帆風順。即便事情不如預期、問題叢生，你也不會鑽牛角尖，而會尋求正面的解決方案。你還會尋覓一絲希望；對你來說，不論迎來何種挑戰與困境，仍多半帶有正面意涵。

然而，若是負面解讀事物，在面對問題時，會傾向認為自己無力掌控或找不出解決方案。抱著負面想法的人是悲觀的，他們看到和預期到的往往是困難。無論碰到何種情況，如果採取負面思考，容易把自己視為犧牲者，覺得自己遭人欺騙；一見苗頭不對，就會全盤怪罪到別人身上。即便發生好事，負面的人也總是雞蛋裡挑骨頭，或是遇到一點不順心就鬱鬱寡歡。

如果負面想法在你心裡占了上風，不管碰到任何情況，都會感到無力且不知所措。相反地，若能採取正向思考，你會相信自己能妥善處理眼前的問題，並化險為夷。

實戰練習

若有機會生存下去、飛黃騰達，你只需要一個正向思考，即可抵禦排山倒海而來的負面想法。

——美國牧師、思想家　蕭律柏博士

你的所思所想所言，會影響你能否達成目標。從這項簡單的練習就能窺知一二，不妨試試看吧！但你首先需要找個人來幫忙。

第一步

- 請他保持站姿，將平時慣用手的手臂水平伸直，與肩膀同高。
- 請他回憶一段失敗的經歷，例如測驗、大考或求職面試失利等皆可。接著，請他對自己產生負面想法：「我好弱，我好笨，我無藥可救，我好可悲，我什麼都做不好，這我辦不到。」

- 請他在心裡重複這些負面念頭。告訴他，你會站在他背後，試著把他慣用手的手臂往下壓，請他試著抗拒，不讓手臂被壓下來。

第二步

- 現在，請他再次抬起慣用手的手臂，與肩膀同高。
- 這一次，請他回想一段表現可圈可點的成功經驗，例如通過測驗、大考，或是工作上有所成績、運動上表現優異等等。接著，請他對自己產生正面想法：「我總是竭盡全力，我可以做得很好，我是一個很棒的人，我很強壯，這我辦得到。」
- 請他在心裡重複這些正面念頭，同時你會試著把他慣用手的手臂往下壓。請他試著抵抗你的力量。

一般來說，在第一部分的練習中，他的手臂受到負面思考影響，不容易出力，可能比較抵擋不住你施予的壓力；然而換作正向思考時，他的身體就能施展出較大的力道，手臂也能抵抗你的力量，不容易被壓下來。

了解負面思考的正面意義

你是怎樣的人，看你怎麼想。而你怎麼想，你就是怎樣的人。

——佚名

若說正向思考是最有幫助的思考模式，那為何人們還會負面思考？以下會談到幾種情緒：恐懼、焦慮、失望、罪惡感、後悔、憤恨、妒忌等，當中都可以看到負面想法的蹤跡：「我辦不到」「這不公平」「我真是笨蛋」「都是**他們**的錯」「我好倒楣」「我如果沒那樣做就好了」。

恐懼、擔憂、罪惡感等令人難受的情緒，我們通常稱作「負面情緒」。然而這些情緒，其實和其他情緒一樣具有正面意義。

例如罪惡感，通常伴隨罪惡感而來的念頭是：「我搞砸了，早知道不要那樣做，是我的錯。我覺得自己好糟。」這種思考模式算得上正面嗎？好吧，罪惡感也可以說是有正面意義的，是要督促你意識到自己做錯事，並且採取行動來調整做法。假使你只是一味地沉溺在罪惡感中，責怪自己，甚至忽略、否認自身的感受，那麼你的想法和行動（或缺乏行動），就會維持在負面狀態。對你或事情本身來說一點好處也沒有。

「負面」情緒帶有正面意義，跟身體疼痛有其正面意義是同樣的道理。倘若碰觸到非常燙的東西，你會因為疼痛立刻縮回手；雖然疼痛的感覺很糟，但正面意義就是要保護你。同樣的道理，情緒上的痛苦，也是要促使你設法找出正面方法，採取正面行動。

罪惡感等負面情緒會讓人不舒服，卻也是驅使人們採取正面回應的動力。事實上，正因為**意識到**罪惡感帶來的不愉快，因此也具有惕厲人心的作用。它會激勵你，日後**不再**重蹈覆轍，以免罪惡感再一次向你報到！

實戰練習

事情本無好壞之分，我們的想法決定了它的意義。

——英國文豪　莎士比亞

要知道，每種情緒皆有正面意義。沒有一種情緒是差勁或毫無意義的。面對「負面」情緒時，若能了解「負面」情緒背後的正面意義，會有助於你對所面臨狀況有更正面的思考，並採取正面行動。

例如，傷心的正面意義是讓你慢下腳步，保有餘裕去消化並接受所發生的事情。傷心能幫助你調整、適應周遭的變化。期待落空也是一種傷心，正面意義在於督促你找出問題所在，設法釐清還能改善的地方，以避免再發生類似情形。

試想看看

- 憤怒是，你感到自己深受委屈時自然產生的反應。遭到不公平、不誠實、不當的對待，或受辜負、欺騙和忽略時，就會產生這種情緒。所以試著想想看，憤怒可能帶有何種正面意義？
- 妒忌是，你感到自己所珍視的事物受到威脅，或是你擔心有人會搶走你的東西。你認為，妒忌的正面意義可能是什麼？
- 尷尬是，你感到自己或他人身上發生了不恰當或荒謬的事情。你認為，尷尬有何正面意義？
- 無聊是，你對於周遭事物感到興趣缺缺，認為自己的處境單調乏味。那麼你認為，無聊具有什麼正面意義？（解答詳見書末）

試著去體會，各種「負面」情緒都有正面意義。這麼一來，不論處在任何情境，一旦感受到「負面」情緒，就不容易耽溺在情緒中，而是以正向思考來採取行動。

了解狹隘及開闊思考

對於大多數人來說，他們認為自己有多幸福，就有多幸福。

——美國前總統　亞伯拉罕．林肯

如前面所談到，伴隨罪惡感、恐懼、憤怒、傷心、後悔等情緒而來的「負面」想法，都有它的正面意義。正面意義指的是，無論你身處何種「負面」情況，都能專注以對，如此一來，才能一心一意**只**思考這件事，進而採取行動，並藉由正面行動，化解困境。舉例來說，當你在機場擔心錯過班機而焦慮萬分、頻頻確認出境時刻表時，你的注意範圍會縮小，聚焦在出境時刻表上，因此不容易分心去想其他事；再舉一個例子，大考將至，令你憂心忡忡，注意範圍也會縮小在必須研讀、複習那些內容才能通過考試。複習考試內容成為優先要務，你會時時刻刻擺在心上。

這種伴隨「負面」情緒而來、注意範圍縮小的狹隘思考，若是毫無助益，那就不具正面意義，還會使你停滯不前、悶悶不樂，無法或不願採取行動來改善情況。

相較之下，希望、信任等「正面」情緒，以及隨之而生的正面想法，可以讓你視界更寬廣、充滿更多可能性。正向思考能讓你敞開心胸，接受嶄新的點子並嘗試新體驗，同時對他人及各種處境產生正面感受。充滿希望的樂觀會打開你的心扉，碰到各形各色的情況時，都能看出潛力與各種可能。

實戰練習

我寧可因事事抱持懷疑而打開眼界，也勿因信念而心眼閉塞。

——美國訴訟律師　蓋瑞．史賓斯

請閱讀以下情境。看看一個人如何因正向思考，迎接更多機會，激發更多點子；而另一個人又如何因負面思考，導致他的選擇、機會都大幅限縮。

艾爾、傑伊任職於同一家出版公司，兩人都是公司的資深繪圖師。有一天，他們收到了裁員通知，資遣條件並不理想，但艾爾接受了。他決定趁這個機會，當個自由工作者。

艾爾認為全新的世界就在眼前，不僅可以做自己的老闆，工時彈性，還能自己挑選真正感興趣、熱愛的繪圖案件。省下來的通勤時間，可以讓他有更多時間陪伴家人。艾爾列出一串機構及潛在客戶清單，也向從事自由業的朋友討教、打聽消息。他知道自由工作者的路並不好走，但他會找出潛在問題、構思解決方案，同時想好備案，以留後路。各種可能性一一浮現眼前，令他躍躍欲試。

傑伊也嚮往當個自由工作者，但對他來說，這條路存在太多風險與挑戰。「我對創業一無所知。假使客戶不夠多，我又不比其他接案者優秀，該怎麼辦？」對於自由工作的潛在挑戰，傑伊並未進一步設想解決方案。其實他並不喜歡現在的工作。壓力大，老闆令他厭惡，工時又長，即便如此，他仍選擇拒絕接受裁員。

傑伊狹隘的負面思考讓他無法做出其他選擇。眼光短淺，也限縮了機會與可能性。這是一種負面動力：每一個負面想法都會窄化你的可能性，導致眼光和思考變得狹隘。另一方面，艾爾的正向思考形成了正面動力：心胸開闊，點子、思考與行動都充滿各種可能。只要有一個正面想法萌芽，就能激發更多的正面想法。任何人都一樣。正向思考能開闊你的心胸，發現機會，看到可能性；負面思考，伴隨而來的只是更多的負面思考，你眼中將只剩下重重的阻礙與困難。

認識你的思考模式

覺察是促成改變的最大原動力。

——暢銷書《當下的力量》作者　艾克哈特・托勒

每一天，我們都有源源不絕的想法浮上腦海，彷彿腦袋裡有臺收音機，持續在實況轉播談話性廣播節目。

這些想法是一種與自己的對話，可以引導你的思考與行動。有些想法或許正面、富建設性，例如思考如何幫助別人、擬訂問題解決方案、對某些事引領期盼、想起曾發生的好事；有些想法是中性的，例如對日常生活中自然發生的事情：「下雨了，撐傘。」「餓了，去吃晚餐。」至於其他想法，諸如一些負面的念頭與自我貶低：「這不可能行得通。」「這種事為什麼會發生在我身上？」「他們一定覺得我很笨。」「這不公平。」

我們很少能有意識地覺察或控制自己的想法，從腦中湧現的思考或各種念頭，也都是單純接收，並據此採取行動。如果這些想法是有幫助的，還能鼓舞振奮人心，當然再好不過。然而大多情況是，與自己的對話會自行創造出另一個現實世界。因此假使想法過於負面，例如吹毛求疵、恐懼或焦慮，那就不好了。不僅畫地自限，對解決問題無濟於事，還容易導致灰心喪志與挫敗感。

還好，管理負面想法並不難，第一步只要提高自己對負面想法的覺察就可以了。在各式各樣的情況下，都要能釐清你的思考模式及「解釋風格」。

一旦覺察了腦中的負面想法，就有機會找出方法來擊潰這些負面想法。

實戰練習

愈好的覺察力，就能做出愈好的選擇。愈好的選擇，就能導向愈好的結果。

——佚名

辨識中性想法。花個五分鐘，在家或公司附近走走。散步的同時，可以像開直播一樣，試著描述散步的感受，以及所有映入眼中的事物。如果沒時間出門，也可以觀察目前置身的空間，任意描述其中的景象。試著單純描述所看到的、聽到的、聞到及碰觸到的感受，不下任何評斷。沒有好或壞，都是你的中性想法。

養成寫下想法的習慣。每天早上，試著把你面對新的一天的想法寫下來。可以設定手機鬧鐘，提醒自己在一天之內的五個不同時間點，寫下自己的想法。也可以透過電腦螢幕便利貼或螢幕保護程式，丟問題給自己：「你現在想的是……？」隨時留意自己正在思考的是中性或正面想法、對他人或事件的評斷，還是擔憂或自責的念頭？

遇到挑戰時，留意自己對於眼前的情況有什麼想法。每當你感到擔憂、失望、壓力、憤怒或煩惱時，不妨停下腳步，覺察自己的想法。也許是行程誤點、活動臨時取消、遺失物品，也可能有人惹惱了你。你對這些有什麼想法？以及，你放在心裡多久了？

請某人幫你留意。找一個你喜歡且信任的人，朋友、伴侶、家人皆可，請他在接下來大約一週的時間，如果發現你對任何人或事物出現負面評論，除了提醒你，每次都要寫下來。

辨識認知扭曲

很多人說他們在思考，實際上他們只是在重新整理自己的偏見。

——美國哲學家　威廉・詹姆斯

負面思考模式，一般又稱為「認知扭曲」。認知扭曲威力強大，能輕易說服你：你的想法**絕對**是理性而正確的。然而事實上，認知扭曲來自各種情況所賦予的是錯誤或扭曲的意義。它們毫無幫助，只會讓你對世界、他人、自己連同自身能力心生不滿。因此，認知扭曲又稱作「負面思考陷阱」。就像所有陷阱一樣，讓你冷不防落入圈套：甚至在你渾然不覺時便陷入這種思考模式。以下舉幾個例子：

驗證偏誤。這牽涉到藉由尋找證據或人云亦云，來支持並確認自己的決定是對的；而對於事物有不同解讀的觀點或資訊，則選擇避開或忽略。因此若陷入負面思考，便會過度關注某件事的負面環節，而忽略其正面環節。

隧道思考。意指僅僅聚焦於負面環節，以致未能看到整體情況。

驟下結論。還未掌握所有相關資訊時，便對某事物斷下結論，而且是負面結論。

極端思維。這是一種「非黑即白」的思考模式。毫無中間立場可言。事情非好即壞、非對即錯、非成即敗。

災難思考。進行災難思考時，你會為某情形做出最壞打算。

揣測人心。揣測人心時，你相信自己很清楚他人想法，而且認為他人的想法與意圖是負面的。

責備。某事出了差錯，你把所有責任推給某人或另一件事上。你自認無能為力，是他人或外部因素的受害者；換作是自我責備，則是將責任全怪罪在自己頭上，認為自己愚蠢至極、缺乏能力，活該受罪。

實戰練習

你的人生觀，來自於囚禁你的牢籠。

——美國勵志作家 夏儂・艾爾德

學習辨識認知扭曲和負面思考的陷阱。你認為以下想法中，屬於責備、揣測人心、災難思考、極端思維、驗證偏誤，以及驟下結論的例子分別是哪些？（解答詳見書末）

- 我寫的報告會出這些錯有什麼好奇怪的。經理根本沒給我充裕時間完成，能抱多大期待？
- 我敢打賭，他們會找我加入是因為某人趕不及過來。很明顯地，他們本來並沒打算邀請我。

- 我從來沒搭過倫敦地鐵。我想我會因為過於緊張而搞不清楚路線。用膝蓋想也知道，我一定會完全迷失方向，不知所措。
- 面試官人很好，但我滿腦子都是我筆試中答不出來的那一題。
- 經理後來改變心意，結果報告根本派不上用場。這又證明了，她一點能力都沒有。
- 朋友還沒回我訊息，我一定是做了什麼讓他不開心的事。
- 如果做得不夠完美，這整件事就是在浪費時間。

重組你的大腦

透過神經可塑性，行為會改變大腦結構；而光是思考或想像特定行為，也會改變大腦結構。

——美國心理學家　約翰・B・雅頓

如果你習慣負面思考，那麼了解大腦的運作方式，會對你有幫助。大腦的核心組成要素是神經元。神經元是處理、傳遞資訊的細胞，透過神經路徑及網絡互相連結。

當你思考或正在從事一件新事物時，就會誕生一條新的神經路徑。接著，每次以同樣的方式思考或做某件事時，大腦就會使用同樣的神經路徑。隨著重複使用，路徑會逐漸強化。就像行經荒煙蔓草，同一條路徑被踩踏得愈頻繁，會逐漸形成一條明顯的小徑，以致後來的思考也傾向走同一條路徑。

知道這一點很有幫助。假設你經常從事某一行為，該行為就會變得自動化，成為習慣。你根本不需要思考。試著回想你日常生活中哪些行為是大腦和身體習以為常，且不需加以思考，例如走路、說話、吃飯、刷牙、開車、傳訊息等。

另一方面，神經路徑雖能發展出一套自動化的思考、行為模式，也可能會形成一些不良習慣：抽菸、暴食、酗酒、負面思考等。因此，如果經常負面解讀事情，會在大腦中架起一條堅固的負面神經路徑。這些神經路徑逐漸確立後，就會演變成負面思考習慣。

不過好消息是，假使你能改變思考及行為模式，以比較正面的方式來思考和行動，又會形成新的神經路徑。只要持續使用這些新路徑，就能讓它取代舊有的思考及行為模式。如此一來，你的大腦就成功地重組了。

實戰練習

只要改變看待事情的方式，看待改變的方式也會隨之改變。

——美國心理學大師　偉恩・戴爾

重組你的大腦。試著改變做事方法，體會看看，重新鍛鍊大腦是可能的。

找一張紙，如果你是右撇子，請使用左手（非慣用手），不要使用右手；如果你是左撇子，請使用右手。做以下動作：

- 畫一個方形
- 畫一個圓形
- 畫一個三角形
- 寫數字一到十
- 寫你的名字

- 寫以下句子：「我寫這段句子是用左（右）手。」

接下來一個禮拜，每天都要以非慣用手從事以下任一動作：

- 刷牙
- 泡茶或咖啡
- 開門

以上可能耗時耗力，畢竟使用慣用手的神經路徑早已根深柢固。但只要你下定決心，便能構築新的神經路徑，培養用另一隻手做事的能力。大腦是可以重新鍛鍊的。

建立正向思考模式的過程也是一樣，雖然會花上不少時間與心力，但實行永不嫌晚。事實上，本書介紹的正向思考的訣竅與方式，你運用得愈多，愈常付諸實行，也就愈快、愈輕易成為一個正向思考的人！

挑戰你的想法：這些想法有幫助嗎？

對自己說話要小心，因為你正豎耳傾聽。

——美國人際關係顧問　麗莎・海斯

想像有人給你一隻鸚鵡。這隻鸚鵡再平凡不過，沒有特殊的知識、智慧或洞見，只會以「鸚鵡的方式」背誦話語，絲毫不了解自己說了什麼。總之，就是隻鸚鵡。

然而，這隻鸚鵡經過訓練之後，專門負責潑人冷水。牠會不斷評論你和你的人生，把你奚落得一無是處，懷疑你的決定，不論任何人都躲不過牠的批評和指責。

比方說，有一天，由於塞車或火車客運誤點，你遲到了。這隻鸚鵡坐在那，念念有詞：「你應該早點出門的！怎麼搞的？你什麼都做不好！你今天一定會很倒楣……嘎嘎、嘎嘎、嘎嘎。」

又有一次，朋友說這禮拜會傳訊息給你，好安排週末的聚會。到了週六上午，還沒收到任何消息。鸚鵡對你說：「你不要太依賴朋友，他們才懶得理你！」

當然，你也知道，跟鸚鵡吵是沒用的，牠只是在背臺詞。

但如果這隻鸚鵡是負面的自我，那麼該對負面自我回答什麼，絕對是你**能夠**挑戰的。你的想法是否合理、有邏輯、有幫助，都是你絕對能加以質疑的。

實戰練習

老是霸占你腦袋的負面委員會，叫他們乖乖坐下，閉上嘴。

——美國演員　安・布列芙德

無論碰到任何情況，不妨問自己：「這些想法對我有幫助嗎？」或是：「我現在所想的，對情況有幫助嗎？」回想看看，你的想法讓你感覺是好是壞，以及能否幫助你如願以償。

試著回想一件近來遇到較棘手、麻煩的事情。也許你掉了東西；有人批評你，或令你失望；行程嚴重誤點；或是活動取消了；也可能你打電話到保險公司、電視寬頻業者、瓦斯或電力業者的客服中心，結果和某人的對話令你感到沮喪。無論你怎麼想，這些想法是否在某方面幫助事情進展得更順利？

現在再想一件即將發生、但你毫不期待的事情。也許是某件工作或家裡的事必須完成；有地方必須前往；或有個必須碰面、討論事情的人。無論是什麼，你心裡有何想法？這些想法有幫助嗎？你的想法能否幫助你對該情況有更好的感受？

揣想一件你日後嚮往去做，或是還沒做到的事。也許是到某處旅行、培養新嗜好、改變職涯方向、辭去工作，或結束一段關係。你的思考方式對這些事是否有幫助？你的想法能否讓你充滿希望，鼓舞你放手去做？

要知道，每當問自己：「這想法有幫助嗎？」並非是在反駁自己的想法。你不需要對自己爭辯電話另一頭的人是否沒有禮貌；也不需要爭辯還沒辭職，是怕沒有下一個工作機會。

因為，這些想法不論正確與否，對你或許都沒有幫助；它既無法讓你有好心情，也不會讓你的人生好過點。

挑戰你的想法：你確定嗎？

如果你不愛你的世界，請質疑你的想法。

——美國心靈講師　拜倫．凱蒂

你有多常對某件事感到斬釘截鐵，後來卻發現，事情並非你所以為的那樣，其實是誤會一場，或完全想錯了？

小時候，或許你跟我一樣，以為所有的狗都是公的，所有的貓都是母的。有一次，我看到一名少女的文章，她說自己曾被哥哥唬得一愣一愣的，她哥說鈔票都是海豚皮做的，還說這就是為什麼鈔票摸起來跟一般的紙不同；也有人曾經以為電視喜劇裡的罐頭笑聲，實際上是把全國挨家挨戶的笑聲「現場」直播，所以以前總貼在電視機前坐著，放聲大笑，這樣就能從電視裡聽見自己的笑聲了；還看到有人表示小時候很怕搭高速列車，因為有一次站在月臺上，聽到列車行經車站發出尖銳刺耳的聲音，以為列車裡的乘客也會一直聽到這種噪音。

又或許你曾發現，多年來哼唱的歌詞，其實大錯特錯。我有個熟人，發現美國龐克搖滾樂團金髮美女（Blondie）曾登上排行榜冠軍的熱門單曲〈Denis〉，歌詞竟跟她一直以來哼唱的不一樣，大感驚訝；歌詞裡的「Denis、Denis」，她一直唱成「膝蓋下、膝蓋下」（Beneath the knees）。還有人告訴我，他以為皇后合唱團（Queen）〈波希米亞狂想曲（Bohemian Rhapsody）〉有句歌詞是「讓他從這香腸熱茶解脫吧」（Saving his life from this warm sausage tea）；正確歌詞是什麼？「讓他從這殘暴命運解脫吧」（Spare him his life from this monstrosity）。

很荒謬吧？沒錯。對自己、他人、世界的想法，你或許自以為全是理性而正確的，鮮少會意識到，你對事件的想法也許不符邏輯、不合理，或根本錯得可以！

還是我們敢確定，自己所想或所相信的一點謬誤都沒有？而事實上，對於自己、他人、事件、情況的思考模式，永遠不只一種。

實戰練習

沒有真相，只有詮釋。

——德國哲學家 弗里德里希·尼采

還記得「國王的新衣」這個故事嗎？有個狡猾的裁縫師，答應幫國王縫製一件華麗的衣裳，讓他在下次公開場合穿著登場。國王賞賜裁縫師一袋金子，作為購置布料、配飾等材料的費用，於是裁縫師開始趕工。等到試穿新衣時，裁縫師告訴國王，衣裳是用精巧的布料縫製而成，純粹無瑕、作工細膩，唯有聰明絕頂、智慧超群的人才看得到。想當然耳，國王才不願承認自己並非聰明絕頂、智慧超群之人，所以裁縫師替自己穿上新衣時，國王一句話也沒說。

新衣公開亮相的日子到來，皇家隊伍在大街小巷遊行，群眾熱烈歡呼，紛紛讚嘆國王的新衣多麼雍容華貴。然而，人群當中有一名小男孩放聲大喊，音量大到人人都聽得到：「這人為什麼沒穿衣服？」

往往只需要一個問句，便能挑戰你確信不疑的事物。請務必記住！

以下有哪些「事實」，你相信是千真萬確？以一到十來評分（分數愈高表示愈確定）你對此確定的程度：

- 香蕉長在樹上
- 中國長城從宇宙中看不到
- 蝙蝠是視盲的
- 身上每片指甲的生長速度都一樣
- 膝蓋骨是身上最圓的部分
- 現在永遠不如往昔美好

對於確信不疑的想法，要抱以質疑。為挑戰自身想法，可對自己提出一些問題，以幫助你認清思考事物的方式不只一種。例如可以問自己這些問題：「我怎麼知道是如此？」「有什麼證據能支持我的想法？」「以一到十來評分，我對這件事有多確信？」「有沒有證據能幫助我，對這件事採取較有幫助、較正向的思考模式？」

找出替代觀點

我們的人生由思想所創造。

——羅馬皇帝　馬可・奧里略

認清自身思考模式毫無幫助或不合理，有助於你放下執著，不再對確信之事深信不疑。當你不再對某件事抱持肯定的態度，就更能接受其他的可能性。而且是正面的可能性。

看事情的方式，永遠不只一種。你大可對自己證明。只要問問其他人對下列主題有何想法，便能發現，無論任何主題，都不只擁有一種觀點。

皇室
口香糖
小洋白菜
網路交友
藍起司

麥當勞
壽司
黑巧克力
貓
跨年派對

實戰練習

只有你，具有改變自身想法的力量。改變你的想法，也就改變你的世界。

——澳洲名模　米蘭達・可兒

從不同觀點看待別人。想想看，有什麼人老是令你覺得難以相處，那人或許是家人、朋友的朋友、鄰居、同事或首相。拋開對他們的看法，從嶄新的觀點看待他們。找個正面的角度。可以從他的個性、表現或裝扮等面向；也可以是他們與人互動或工作方式的某一環節。

從不同觀點看待事情。你不愛做哪些家事？洗碗、燙衣服，還是煮飯；也許你不愛洗衣服、掃除或倒垃圾；或許你討厭換被單被套。為什麼不愛做這些家事？對於這些家事，有沒有其他可替代的思考模式？例如掃除、擦窗戶，不妨當成一種運動；洗碗、燙衣服，則可以當成是聽音樂或廣播的好時機。

替代思考模式確實存在。若覺得轉換起來很困難，試著退後一步，暫且拋開自我，想像自己是編劇，現在只是在為劇中角色發想各種替代想法和臺詞。只要確保效果夠逼真且合乎現實，足以令你（觀眾）取信就可以。

扔掉你的想法。無論遇到何種情形，一旦你找到一種**可以**採信的替代想法，就把負面想法寫在一張紙上，撕碎或揉成一團丟進垃圾桶；也可以用電腦打字，然後按下「刪除」。

轉變為正向想法

負面想法揮之不去，是因為我們深信不疑，而非基於想要或選擇。

——美國作家　安德魯．伯恩斯坦

「認知行為療法」技巧，是指找出負面想法，並加以挑戰、取代；經研究發現，這種療法能有效幫助人們更正向思考。另一方法「接受與承諾」則認為，你必須覺察負面想法，並辨識出它在哪些時候幫不上忙，但你不見得要去挑戰；反之，你只需去發現負面想法，進而接受、放下，才能轉移念頭，採取更有幫助的思考及行為模式。

因此舉例來說，你若有這樣的念頭：「剛剛那服務生故意不理我。」你無需挑戰這樣的想法，也不必問自己肯不肯定，或是證明他確實忽略你。其實，無論你的想法是否正確，這樣想下去完全沒有好處。因此，只要承認並接受這一點，然後轉念，全心全意投入有幫助的想法及解決方案即可。以前述的例子來說，你可以想想看要怎麼做，才能更有效引起服務生的注意。

「接受與承諾」主張，對於負面、毫無幫助的想法，你一旦選擇接受，然後放下，就能同時放下相關的情緒，並讓腦袋中理性邏輯的一面開始運作。如此一來，你就能以更有幫助且正面的方式思考。

實戰練習

上帝賜予我平靜，去接受無法改變的事實；賜予我勇氣，去改變能夠改變的事情；也賜予我智慧，來辨別兩者的不同。

——美國神學家、思想家　雷茵霍爾德．尼布爾

與其沉浸在自己的想法中苦苦掙扎，不如發現它們，放下它們。想像你是美國西部古老小鎮的警長，發現一名歹徒在逛大街。你不需要與他對峙，只要打個招呼，接著以冷靜、堅定的態度，鼓勵他繼續往前走，離開小鎮。面對負面的無謂想法，也可以採取相同方式：發現它的存在，允許它繼續走，離開腦袋。你不需要挑戰負面想法，只要和它們打聲招呼，然後放開它。倘若它回頭，可以模仿警長的做法，兩眼直視，告訴它該怎麼做：繼續往前走，離開這裡就對了。

發現負面想法入侵腦中時，對自己說：「停！」如果你只有一個人，可以大聲

喊出來；在腦海裡大喊，效果也是一樣的。想像畫面會有幫助，例如一旦感到負面想法襲來，可以在心中想像一道紅色停止標誌。

運用轉念提示。發現負面想法或畫面開始入侵腦中時，請試試看以下的方法，督促自己提出正向、有益的替代想法：

你若是坐著，請站起身。
你若是站著，請坐下。
你若在室內，請走去另一個房間。
你若在室外，請改變步行的方向；朝反方向走二十步，然後掉頭，朝原本的方向前進。

第二部
正向思考與正面行動

設立目標

設立新目標或擁有新夢想，永不嫌晚。

——英國奇幻文學作家　C·S·路易斯

正向思考不切實際？有些人這麼認為。他們認為，光是保持正面、樂觀，並沒辦法讓你達成目標、得到想追求的事物。這麼想並沒有錯。無論處在何種情況下，光靠正向思考，都無法幫助你實現願望。正向思考本身，沒辦法從宇宙「吸引」正面的人與事情上門；你不能光靠想，就期待願望成真；反之，正向思考也牽涉到主動積極：你必須**做**點什麼！

正向思考之後，必須採取正面行動。

正向思考鼓勵積極行動，讓你能夠以務實、有創意的方法來達成目標。所以，如果能讓正向思考與正面行動並行，更有可能獲得正面的結果。

設定目標、努力達成的過程中，會建構出一道可供依循的正向路徑，這個路徑有助於培養正向思考。正向路徑能創造正面想法，而正面想法又能進一步促使正面行動。

這就是一種正面動力：創造雙贏！

實戰練習

設立目標，是化無形為有形的第一步。

——美國激勵大師　東尼．羅賓斯

想想某件你嚮往完成的目標。可以是在數天或數週內完成的短程目標；或是期望在數月或數年內達到的長程目標。內容也許是健康方面，例如減肥、戒菸、養成跑步習慣，或只是爬爬小山不致氣喘吁吁。

或許你想在某些領域進修，例如學會某種樂器、學某種語言。

可以跟工作有關，例如升遷、減少工時、從事接案工作、重返校園，或當志工。

也許你想到紐約或紐西蘭旅行？又或者你只是想踏出家門；由於心理或健康出了狀況，你不想耗費太多精力，只想去一趟附近的商店就返家。

抑或你眼前有個問題需要解決，例如希望打掃家裡，或想搞定某個難纏的人、辭去工作、從大學休學，或結束一段關係。

又或者你想從事表演、當單口喜劇演員、寫書、加入樂團或合唱團、結交新朋友、自己種蔬菜，或布置家裡房間。

找出好處。不論你想做什麼，那個目標對你而言為何重要？一旦達成目標，在哪些方面對你來說有好處？雖然某種程度上來說，你可能覺得目標相當有挑戰性，但首先最重要的是：你的目標要能激發熱情。激發熱情並不難，只要能找出好處就可以。而奮鬥不懈、逐一達成目標，能為你帶來哪些好處？倘若你的目標是解決某個爭議或問題，試想看看，問題一旦獲得解決，會達到怎樣的成果，而你又會有何發展？

找出你的選擇

人們會放棄自身力量，大多數情況是因為認為自己毫無力量。

——美國小說家　愛麗絲・華克

你想做的事也許很具體明確，例如減十公斤、找個兼差、自己種蔬菜、學習探戈；也可能比較籠統，例如去旅行、要更健康或學新語言。不論是哪一種，達成的方式通常都不只一種。

你擁有選擇。

找出不一而足的選擇，幫助你打破習慣的思考模式；透過正向思考，不僅能開拓出各種可能性與好點子，有些好點子說不定能激盪出更多的好點子。

然而在很多情況下，你也許會花上大把時間，逐一思索每個選擇的利弊，並因此傷透腦筋，最後發現自己只是想太多。你或許好奇，要怎麼知道自己能找出最佳選項，而且萬無一失地做出「對」的選擇、「最棒」的決定？要怎麼知道你的選擇行得通；就算行不通，也不會後悔沒做另一個選擇？

答案很簡單，那就是你永遠無法知道。日後也是。當你做出某個決定，就無法知道其他的選項是否更「對」或更「棒」。然而，只要能事先思考、採取正面行動，就能做出更接近理想的選擇。

實戰練習

你可以花很多時間思考，但到了該行動的時候，就要毫不遲疑，奮力一搏。

——法國軍事家、政治家 拿破崙．波拿巴

對於眼前面臨的所有選項，逐一問自己以下的問題，並寫下答案。

- 每個選項各自擁有的利弊？
- 我具備哪些技能、優勢、資源，對於每個選項能有所助益？我還需要哪些進一步的資訊？
- 誰能幫助我：誰能提供建議或實質上的協助？我可能需要何種資源？

接受不確定性。即使存在未知的變數，仍要做出選擇。沒有一個選擇必定是「對」或「錯」。若覺得難以下決定，可針對眼前的選擇自問：「最糟糕的情況是什麼？我要如何應付？」做出選擇之後，即使事情進展不如人意，起碼你已經設想好發生狀況時的因應之道。

做決定要考慮周詳。但為了避免做出錯誤決定、蒐集更多資訊的同時，也可能只是在拖延決定。相信你的直覺。如果你對某一個特定的選擇或路徑有強烈的感覺，那是因為它正好符合你的目標與價值。不要等到一切就緒，現在就放手一搏吧。倘若決定之後，又發現新的選項或可行方法，若有必要，再調整方向也無妨。

採取正面步驟

一頭大象該如何吃起？一次一口。

——佚名

每個人都有想完成的事情，可是一旦想到時間很少，必須付出很大的努力，就會不自覺卻步。例如你眼看下週就要開會，得在短短幾天之內完成會議上要發表的簡報。

又或許你擔心的，並不是時間不夠，而是這件事要花多久時間才能達成。例如學習語言、改變房間的陳列擺設，或是翻修整棟房子。

然而，無論是時間太短還是過於耗時，把你想完成的事情分割為若干可行的小步驟，是最有效的辦法。藉由按部就班，讓你能做好準備，循序漸進完成一個個小目標，逐漸累積一個個小成就，是最正面的前進方式。

就從第一步驟開始吧。專注在這個步驟，好好完成。接著執行下一步驟。再接著下一步驟。每個步驟可能都有其挑戰性，也可能難度不高。如果面對某一步驟時感到棘手或不知如何處理，可以把步驟再分割成更小的步驟進行。

即使是挑戰十足的步驟，你也會發現，每完成一個任務，距離最終目標就愈近。例如你正在布置房間，卻很討厭用砂紙打磨木頭切面，這個時候只要記住一點，一旦完成這件令人討厭的工作，就離目標大功告成更近一步。

分割步驟處理事情，能讓你有充足的時間觀察可行與不可行的步驟，以及做事方法，繼而判斷是否需調整策略。因此，每當完成一道步驟，不妨檢視你的成果。哪些策略確實行得通？而哪些真正幫助事情順利進展？

實戰練習

千里之行，始於足下。

——老子《道德經》

隨時提醒自己，任何目標、任務或計畫，只要細分為一連串的小步驟，都會變得可行。其實你在人生中早已身經百戰。泡茶、辦活動、考駕照或搬家，完成了各種各樣的事情，而這些都是一連串小步驟累積的結果。

一一寫下你認為要完成一件事情的必要步驟。把腦袋清空就對了。只需寫下各種事項，不用按照特定順序。例如你想轉換職涯跑道，要寫下的事項可能包括：向職涯顧問或教練諮詢；花點時間上網搜尋工作資訊、接受相關的職業訓練、重寫履歷等等。不過，僅僅只是完成這些事項，不代表你就能立刻達到目標。但若能把所有事情一一區分開來，分頭進行，會有助於你達成目標前的思考和行動。

接下來，寫一份清單，列出每個步驟。第一步驟該做什麼？下一步驟呢？目標一旦有了起頭，構想下一步就容易多了，畢竟接下來該做什麼、怎麼做，你大致都已心裡有數。別忘了，培養正向思考是你的目標。告訴自己：「我有計畫，而且我做得到。」務必記住，一次關注一件事情就好。每次、每次達成一小部分的目標，除了成就感的激勵，也會很高興地發現自己距離夢想愈來愈近。

保持彈性。當然，有些目標本身有期限，譬如你想學跳舞，在婚禮上表演，眼看再過兩個月婚禮就要到了，而婚禮也不可能為了練舞改期。與其總是因為時間倍感壓力，不如回頭檢視自己剩下的時間，試著讓練舞的時間更加彈性，並視需要增加練習量即可。

運用正面視覺化

你看到怎樣的未來，就會得到怎樣的未來。

——佚名

一般來說，計畫完成某件事時，都會先運用視覺化。例如規畫前往異國旅行，你也許會想像自己從家裡出發，開車、搭火車或客運去機場。接著，你會想像自己置身在機場、飛機上的樣子。然後想像自己抵達目的地，前往租車地點。最後，想像自己朝市區駛去，抵達飯店。

像這樣把即將發生的事情一一視覺化，就像有人搶先你一步，解決難題、為你開道。等到你真正著手實行時，一切已準備就緒，路也不那麼難走了。

視覺化和想像的過程，有助於人們規畫任何想做的事情，「看見」每個步驟。還能在你努力達成目標的過程中，提醒大腦去覺察、辨識身旁的資源、訊息、點子、機會，讓它們隨時助你一臂之力。

此外，如果你想像自己正在完成某件事，大腦就會相信並接受：這件事**確實**可行，而且你**能**辦到；反之，如果你想像自己**不能**辦成某件事，大腦也會如此相信並接受。例如「你啟程了八十公里的旅途」，是純屬想像還是已實際完成，你的大腦其實無法分辨。可是一旦大腦認為你曾經順利達成某件事，下一次就更可能相信：你這次也同樣辦得到。這就是正向思考！

實戰練習

身為前鋒，你必須不斷想像要從哪個位置、以怎樣的方式射門得分，才能擊敗對手。

——英國足球員　馬庫斯·拉什福德

運用正面視覺化。視覺化包含兩部分：結果視覺化、過程視覺化。

結果視覺化是指，看到自己達成目標：針對你想達到的目標，創造鉅細靡遺的心像。例如你的目標是跑人生第一場馬拉松，你要想像自己穿過終點線，筋疲力竭卻欣喜若狂的場景；接著想像親友在終點線前興高采烈祝賀你的模樣，以及你心中激昂的成就感。

過程視覺化是正面視覺化的第二部分，也是最重要的一環。意指邁向目標所要採取的每一步驟，都要一一加以想像。因此如果你的目標是跑馬拉松，要想像自己開始起跑，健步如飛，手臂放鬆，呼吸平穩；你在腦海中把賽道分為數段，想像自己跑在不同區段時的思考、步伐、呼吸和時間；也想像萬一過程中遇到「撞牆期」、身心俱疲想放棄的時候，該如何應變。

也許你不曾跑過馬拉松。然而，無論要達成任何目標，都適用相同的原則。首先創造一幅幅鮮明的畫面，想像自己成功的景象；接著在腦中描繪邁向目標時，每一道步驟該做什麼、怎麼做。就像馬拉松跑者遇上撞牆期一樣，想像自己面對重重阻礙或挫折感時，如何應對並一一突破。

寫下來。寫下目標，或畫一張圖，列出每個步驟。把完成每個步驟的方式、想要達成的目標一一描繪出來，這麼做能幫助你日後在各種事情上，更容易有效運用視覺化方法。

保留彈性

目標要明確，達成目標的過程則要彈性。

——知名演說家、成功學大師　博恩・崔西

不論你有一或多個目標，或是想從事任何職業，也無論你打算怎麼做，計畫都不必一成不變。

努力達成目標的過程中，必須保持彈性，敞開心胸接受現實：問題必然會一一浮現。因此迎接未知，必須對於隨時可能改變路線有心理準備，這也意味著，要避免執著在使用單一方式實現目標，否則成功機會將大為限縮。

假設你計畫為朋友做頓飯。主菜和點心都決定了，於是列出購物清單，前往超市。最後只差一種食材就備齊，偏偏缺的是重要食材，此時該怎麼辦？取消這頓飯？當然不必。你擁有其他的食材選項，確定之後再決定接下來的做法就好。

如同前面的例子，無論你打算做什麼，一旦遇到挫折，都可以採取相同方法：找出問題癥結，設法尋找解決方案。你或許有辦法解決問題，也可能會發現A計畫終究行不通。因此你選擇放棄A計畫，改採B計畫。

不管是烹飪、規畫旅行、換工作、健身，還是改善與朋友或家人的關係，都可能半途殺出程咬金：天氣變差、路上有工程無法通行、一向倚仗的人中途退出、跌倒受傷，或是費用超乎預期。然而，如果你真的希望達成目標，就一定找得到辦法。而且在大多數情況中，方法都不只一種。

實戰練習

A計畫若行不通，還有二十五個英文字母可用。

——佚名

預期困難。處在規畫階段時，應預期潛在問題及可能解決方案。試想每一階段可能出哪些差錯？最糟的狀況可能是什麼？潛在問題可能為何？也想想看，這些問題要如何解決？可以找誰幫忙？有哪些支援、建議或資源可供運用？

對自己提出這麼多的問題，並不是為了讓自己沮喪洩氣、打消念頭。恰恰相反，正是為了提高你的成功機率。怎麼說呢？因為你已預期潛在問題，也澈底思考過該如何因應。如此一來，有備無患！

預備B計畫。計畫達成目標時，假使已經檢視過所有選項，那麼B計畫也就呼之欲出了；如果之後發現原定計畫不切實際或失敗了，即可立刻切換執行B計畫。

此外，藉由制定B計畫，也可以鼓勵自己跳脫常規、嘗試新做法。為什麼呢？因為你會知道萬一A計畫不可行，你該做些什麼。

別忘了，你可以改變路線。當你的決定出錯或發現行不通，別害怕承認。如果你為了面子或太過執著，不惜代價把A計畫堅持到底，才可能錯失成功的機會。

激發動力

人們常說，動力難以持久。好吧，洗澡也是一樣，所以我們才建議要天天洗。

——美國勵志作家、演說家　吉格．金克拉

也許你立下志向要改善健康、做更多運動、吃得更養生、學習語言或新技能、搬家或結束一段關係，不論你想達成什麼目標，即使立意再好，也可能遲遲沒有行動。

你或許在想：「要做到這件事太花時間了」或「一定很困難吧」；你可能會想：「我沒有那些技能所需要的能力」、「我可能會做錯」或「朋友可能不會喜歡或家人會反對」。沒錯，目標可能會困難重重，可能讓你心驚膽顫，別人可能會不喜歡而抱持反對的態度。

挑戰與困難無所不在。然而，如果你只是原地踏步，陷在負面無意義的想法中，又不督促自己行動，那麼，一切都不會有所改變。

你也許想坐等一切就緒，但是所有的改變，都要在你真正展開行動之後才會發生。例如現代科學之父艾薩克．牛頓爵士發現：靜者恆靜，動者恆動。這個概念來自牛頓的慣性定律，指的是物體會保持原本的運動狀態，除非在施加外力之後，才會改變原本的動與靜。例如受到萬有引力影響而掉落的蘋果（編注：雖然牛頓被打到頭可能是傳說），換作我們自己也是如此。

所以，要如何激發動力呢？當然是正向思考！採取正面行動，讓自己立刻動手去做。

實戰練習

人生猶如十段變速腳踏車。有些檔，多數人一輩子不曾使用。

——美國漫畫家、《史努比》作者 查爾斯・舒茲

莫忘初衷。動力牽涉到嚮往完成一件事的初衷。達成這件事的初衷是什麼？為何對你如此重要？完成這件事能讓你得到哪些好處與收穫？或許是財務或物質；也許是自我提升，例如更快樂或更有智慧；或是學習新事物、讓身體更健康；以及更多和改善自身處境有關的事。不論你的初衷是什麼，都要牢記在心。如果能寫下來張貼在每天看得到的地方，或是設定在手機桌面，每天固定提醒自己，是最好不過的。

投入正面行動。時間不用長，五分鐘、十分鐘或半小時都可以。像是填寫申請表、寫文章或準備報告、跑步、布置或打掃房間，無論是什麼，只要專注投入，時

間很短暫也沒關係。下定決心之後就開始吧！申請表就算只填一部分也好；文章只寫個開頭也好；繞街區跑一圈、漆一面牆或清理一個抽屜都好。

別等到想做才做。相反地，立刻行動，別再想了，也別花時間給腦袋想藉口，好說服自己罷手。過一小段時間之後，堅持下去的正向感受就會自然浮現。你或許還會發現，一旦著手去做便停也停不下來，遠遠超過了你預期的短短時間。

為自己做好準備。不論你想完成什麼事，花個一、兩分鐘做足準備，能幫助事情進展得更順利。例如你想每天晨泳或晨跑，卻一直難以付諸實行？每天在穿上正式出門的服裝之前，不妨先換上泳衣或跑步裝備。這麼一來，開始行動就變得容易多了。

保持動力

我們總是在倏忽即逝的心靈狀態中，下定恆久決心。

——法國小說家　馬塞爾．普魯斯特

每逢新年，你會立志做些什麼嗎？更確切點來說，你有持之以恆去做嗎？也許你從不立定志向，因為你知道自己可能只有三分鐘熱度。這麼想的大有人在；研究指出，大約百分之八十的人，立下目標後六週之內，就會不了了之。

立下不切實際的志向，過程中陷入自我懷疑或故態復萌，都可能讓所有的努力付諸流水。而志向之所以不容易堅持下去進而達成目標，關鍵原因多半在於，缺乏持之以恆的策略與技巧。

因此，無論是元旦或一年當中任何一天，一旦立定志向，就必須擬好策略，從旁協助自己找出堅持下去的動力。

實戰練習

人生就如騎腳踏車。要保持平衡，就得不斷前行。

——諾貝爾物理學獎得主　阿爾伯特・愛因斯坦

提醒自己不忘初衷。每當感到意興闌珊時，提醒自己完成之後能獲得的好處：也就是無論你的目標為何，一旦達成你能收穫的成果。

找到樂趣。設法讓達成目標成為一件趣味十足的事。可以找人一起合力完成。有些事情不容易提起熱忱，自己一個人又顯得枯燥乏味。如果你的目標是健身、減肥、學習新技能或其他課程、活動，不妨找個夥伴一起完成。

換個地方做事。舉例來說，若是可以用筆記型電腦完成的事，不妨去你喜歡的場所，例如咖啡館、圖書館、花園或公園，在那裡做事吧。

獎勵自己的進步。開始進行之前，想想看獎勵自己的方式。每完成一個步驟，就對自己好一點。沒錯，跟訓練狗狗一樣，這招對自己也管用。

嘗試逆向回饋。給朋友一筆錢，可以是五百元、一千元或兩千元。一旦目標達成，便可取回你的錢；若沒達成，就當放棄這筆錢，讓朋友捐款到慈善機構。

試試「如果我……，那麼我就……」技巧。這項技巧的目的在於把你想持續去做的事，和已經規律去做的事連結起來。也就是說，在新習慣和舊習慣之間建立連結。例如你每天都會自己做晚餐，而你或許也想學語言。那麼你可以把烹飪和學習語言兩件事湊在一起。「**如果我**在煮飯，**那麼我就**聽語言課程。」

假使你想鍛鍊體魄，你可以下定決心：「**如果我**要上樓才能到公司，**那麼我就**不搭電梯，走樓梯上去。**如果我**要搭公車或地鐵，**那麼我就**提早一站下車。**如果我**要開車，**那麼我就**在抵達目的地前十分鐘停車，剩下的路用走的。」

採取正面身體語言

我會說兩種語言。身體語言和英文。

——美國演員、編劇　梅・蕙絲

近期研究指出，你的姿態及其他身體語言，如坐姿與站姿，確實會影響大腦運作方式。如果你的姿態及身體語言顯得尷尬彆扭、緊張不安，你的感受及思考也會受到影響。

你的舉手投足間充滿自信，短短幾分鐘內，體內的睪固酮及大腦內皮質醇濃度的化學平衡，就能隨之改變。一旦身體感受到，大腦也會開始相信。

好消息是，你不必學習一套全新的姿勢和表情，而為此感到做作、不自在。只要採取幾種正面的身體語言和說話方式，就能大大改變你的思考及感受。

若能專心維持其中兩、三種姿勢，你會發現身心都會迎頭趕上，不僅能讓你感到有信心，也能帶給他人更正面、自信的印象。

實戰練習

身體能改變心理，心理能改變行為，行為能改變結果。

——美國社會心理學家　艾美・柯蒂

從這份身體語言清單中，挑選兩種你認為最自在的姿勢，當你想感受自信或正面的心態時，就試著做做看：

- 站直或坐直
- 頭部保持水平
- 肩膀放鬆
- 兩腿平均支撐體重
- 若為坐姿，兩隻手肘放在椅子扶手上（而非緊貼身體兩側）
- 適當眼神接觸

- 降低音調
- 語速放緩

身體上的表現與溝通，不可能**全部**加以控制；事實上，你愈是努力，也愈容易感到不自然。但若能專注於其中一、兩項付諸實行並持之以恆，無論是想法、感受、行為都會漸趨一致。

以上哪些身體語言讓你覺得很自在？現在就立刻練習吧！

第三部

讓正向思考成為習慣

心存感激

我們對一件事物的珍惜，來自我們一開始就看見它的價值。

——美國心靈作家　愛列克絲・芮坷莉芙

試著回想這些時刻：你買了期待已久的新東西，例如手機、電腦或腳踏車，心滿意足極了。也可能你買了新鞋、外套；或者新家具、房子或汽車。

起初那份悸動，過多久便煙消雲散了？

再想想，應徵到新工作或加薪的時候呢？對於新職務或提高的薪水，過多久你就不再感到興奮了？

想想最近手邊的工作，原以為會不順利，結果根本沒那麼糟。舉例來說，原本令你擔憂的健康檢查，結果報告出爐很正常；原本緊迫的工作交件期限意外延後了；或是有個你一直不想出席的應酬取消了。好不容易鬆了口氣的感受，你維持了多久？

生活中發生好事的時候，能讓人精神為之一振，但沒過多久，我們又習以為常了。最初擁有或體驗時萌生的正面想法很快就消失，我們視為理所當然，不再心存感激。

二十世紀美國心理學家亞伯拉罕．馬斯洛曾說：「把好運視作平常，雖然這不是什麼罪惡的事，但卻是導致人為的惡、不幸與苦難的重大來源。」這個觀點或許極端，原則上卻是正確的：對於生活中發生的好事，若不能予以重視、感激，會讓你誤以為自己人生有所缺憾，而感嘆命運不濟。

千萬不要這麼想。

感激你所擁有的。去覺察並肯定你擁有的東西，以及它們所帶來的好處與快樂。如此一來，這種滿足感才不會隨著時間消失。隨時提醒自己，哪些事情進展順利，哪些事的結果令人滿意。

實戰練習

如果能多花點時間，停下來想想自己何其幸運，專注在我們常忘記感謝的事物上，我們會變得更快樂。你我都應該這麼做。

——英國心理健康作家 伊洛娜．博頓

想想看，哪些事物在最初從事或擁有時，令你十分滿意。現在，針對這些事停下來思考。想想看，如今它們對你仍然實用、帶給你愉快。不妨讓自己回想起最初獲得它們時，自己有多麼喜悅。

感激三件事。一天將近尾聲，想想三件進展順利的事情。可以趁著刷牙或睡前，一邊想想看；或者，你也可以在筆記本上，寫下三件開心的事。

只要是三件簡單的小事即可。例如公車或火車在開走前幾秒被你趕上了；好不容易修好了櫥櫃的門或打結的項鍊；找到了以為遺失的東西；煮了一道新料理，每個人都讚不絕口；吃了一顆美味多汁的水蜜桃；今天的髮型特別美；你的狗狗做了某件事，逗得你哈哈大笑；收到一則朋友分享的有趣訊息；有件事讓你笑得上氣不接下氣。

無論這一天過得是否美好，都要找出三件發生的小事，好好思索。這麼一來，不僅有助於鍛鍊腦袋正向思考，如果這天過得並不開心，也可以學習如何面對困境與失望，找出正面意涵。所以，就算沒得到某份工作機會，或大學沒錄取，起碼能從中獲得正面回饋。就算你們的隊伍輸球了，起碼離開體育場後不會耽擱到回家的時間。

對於一天當中發生的好事，要心存感激。如此一來，無論處在任何情況下，你都記得生命中那些值得開心的事。每晚就寢前，別忘了寫下開心的小事；讓你在度過兵荒馬亂的一天之後，抱著正面的心境入睡。

待人善良

善良永不嫌早，畢竟你永遠不知道何時太遲。

——美國詩人、哲學家　拉爾夫・沃爾多・愛默生

何謂善良？也就是做某件事或說某句話，讓別人感覺好過一些、少些難堪，或只是讓別人的一天多點正面的情緒。

對他人善良，能創造一種正面心態，讓你的正向思考與行為產生循環。為什麼呢？因為一旦你試圖變得善良，就會積極尋求善良待人的機會：思考和行動都會變得正面。

當人們受到善良的對待時，都會心存感激；因此你對旁人表達關心和支持，也

容易得到正面回應。也就是說，你們都會感到開心：你的善良讓他人感到開心；他人的回應也令你感到開心。就算別人對於你的善良沒表示謝意，你也會知道自己做得很棒！

我們內在都有善良與悲憫心，但有時也需要適時提醒自己擁有這些特質。只要稍微提高對他人的覺察，這種機會就會來到。不必花一毛錢，也不會浪費太多時間。只是舉手之勞的小事；而這微不足道的心意，能對你和別人產生很大的意義。例如遞上一杯茶、邀人共進晚餐、幫忙處理一件差事或雜務。你的一個舉動能讓旁人精神為之一振；同時你會發現，原來自己能發揮正面的影響力。

想想看哪些方式能表現你的善良，當機會出現時，你會更容易覺察。例如你發現有人需要幫忙，或許那個人只需要你一點善良的話語或表示，就足以寬慰了。

實戰練習

隨手做件善事，它能生根破土，長成大樹。

——美國飛行家　愛蜜莉亞・艾爾哈特

提醒自己要善良待人。寫張紙條：「善良待人」。貼在書桌前的牆面或冰箱上，隨時提醒自己；也可以將「善良待人」幾個字設為手機桌面或電腦的螢幕保護程式。

永遠別低估小小善意的力量。讓他人以微笑迎接一天的開始。例如一早傳訊息給朋友或家人：「早安，最近好嗎？」進門時，幫後面的人撐著門，並投以微笑；在超市排隊時，讓看起來很趕的人先結帳；開車時，適當禮讓其他的車輛和行人。

為家人做一件你不常做的家事。例如泡茶、買菜、做晚餐、洗碗、倒垃圾、洗廁所、洗車、更換印表機墨水匣。

呼朋引伴。邀請他人與你一同參與某件事，加入你的活動或話題。例如邀請他人一起出遊，例如看電影或表演、散步、共享晚餐；也可以隨時分享近期看到的展覽、電影、音樂會、街頭表演；如果有新開幕的咖啡館或餐廳，你覺得對方會喜歡，不妨詢問他是否願意一起前往。

聯繫適逢低潮期的友人。打通電話、寫卡片或電子郵件、傳訊息，或是手作點心、送花等貼心的方法向對方致意，讓他知道你關心並想念他。

讓愛傳出去。如果今天有人待你善良，請勉勵自己也善良待人。

慷慨待人

慷慨無關金錢，而是心意。

——佚名

我們或許會同意，慷慨跟良善、感激一樣都是好事，正面的事。但慷慨的意義是什麼？和表達良善一樣，慷慨也意味著藉由一些行動，幫助別人過得更好，或度過艱難。而慷慨也是一種大方地付出或分享；換言之，付出要**多於**別人的預期。

如果你察覺到只要自己多付出一點，事情就會變得不一樣，那麼慷慨待人的時機就出現了。一般來說，慷慨的基本態度是：把他人擺在自己前面。舉例來說，朋友來家裡過夜，你選擇自己睡沙發，床讓給朋友睡，便是一種慷慨的表現。你沒有義務這麼做！但是，能夠比別人所預期的再多做一些，就是一種慷慨。

每當看到有人需要幫忙，而自己又幫得上忙時，就是表現慷慨的好機會。慷慨待人，付出的可以是時間、金錢、財產、精力、技能；也可以給予支持、協助、鼓勵。而選擇原諒，是一種寬容，也是一種慷慨。

實戰練習

在捨去時，我們便有所得。

——義大利聖人 亞西西的方濟各

慷慨付出時間。不論是十分鐘，還是一、兩個小時，利用閒暇時間，陪陪需要珍惜的人吧；或是孤單的人，以及在學習或理解上需要幫助的人。

別賣東西，送出去吧。清出不需要的東西，但別拿去 eBay 或 Gumtree 等拍賣網站，透過二手交易平臺 www.freecycle.org 送一些出去吧。

送給他人。朋友很喜歡你的某樣東西?送給他吧。

多走一哩路。誠如字面所言，竭盡全力，為需要的人付出，譬如載他一程吧。

付出更多。例如捐款給朋友發起的募資活動，作為支持；或朋友想健身，那就當他的健身夥伴吧。無論何者，付出多於預期的時間或金錢，幫助他人達成目標，都是慷慨之舉。

慷慨給小費。能讓他人開心一整天。

奉上美味的餅乾。若有人在你家工作，比如水電工、建築工、油漆工或洗衣機維修員，別只遞上一杯茶，買些美味可口的餅乾或蛋糕，一併奉上吧。

樂於接受他人付出。也讓他人為你做點事。過於獨立或不依賴他人的協助，等同剝奪他人為自己付出、並從中獲得快樂的機會。沒錯，你可能認為自己做比較快，但偶爾不妨試著依賴別人，同時避免露出高姿態，慷慨地接受別人的幫忙吧。

樂善好施

人人都能變得偉大，因為人人皆能服務他人。服務他人，不必有大學文憑……只需一顆充滿恩典的心，一個由愛而生的靈魂。

——美國民權運動領袖　馬丁．路德．金恩

對於生命中遇到的人，例如親友、同事等都要懷抱良善與慷慨的態度；除此之外，可以把時間貢獻在自己感興趣的社會或全球性理念，甚至是地方性活動，同樣能為他人的生活帶來正面影響力。它可以是一項議題、一個理念、一項自發性活動，只要能引起你的共鳴或認同感都好。

像是幫助有閱讀障礙的成年人學習或閱讀；給予年輕人指導或建議；支持更生

人重返社會；陪伴心理疾病患者；擔任醫院志工等等，我們都可以發揮影響力，而且是正面的影響力。不僅僅是協助改善人們的處境，你也能為動物貢獻一己之力。你可以參與全國性組織，例如貓咪保護協會、導盲犬協會，或是擔任動物保護機構的「刺蝟官」，照顧鎮上的刺蝟。

或者，你想參與環保活動，例如綠色和平組織致力於提倡全球生態、自然環境保護。也可以去生態團體擔任志工，譬如保育志工或野生動物調查志工，調查各式各樣的棲息地，協助監測生物多樣性。同時善用機會，駕駛無障礙遊園車載行動不便的參觀者遊逛園區，讓更多人有緣一睹這些風光。

不管你選擇從事何種志業，自願奉獻時間精力、技能才智，不僅能正面影響你所幫助的人，也能為自己帶來許多正面影響。藉由擔任志工，能夠體驗不一樣的事情、學習新技能、擁有新體驗、發掘自己的潛能、達成新的目標。你會感到自己參與了一件有意義、有價值的事情，並因此認識到形形色色的人，結為朋友。就像有句話說：「在別人的庭院種花，你將生活在一座花園！」

實戰練習

愈是去幫助別人，愈感到自己活著。

——美國演員　約翰・屈伏塔

當志工。你可以連到志工網站*，網站上會根據使用者所在地區，列出琳瑯滿目的志工機會。例如法院志工可以提供地方證人服務；或當一位「收集者」，匯集夥伴超市捐助的剩餘食物，送到地方食物銀行；也能擔任「社交夥伴」，服務有學習障礙的成人；在社區的樂施書店工作；或透過地方政府媒合，擔任「帶隊健走」的領隊。

救人一命。捐血吧。我們所捐的血，不僅用在急救，對許多有長期治療需求的人來說，都宛如一條生命線。血液的主要組成要素，包括紅血球、血漿、血小板，有各種不同用途，都至關重要。不妨前往捐血網站**查詢相關資訊；你也可以幫助需要器官移植的人。到器官捐贈登錄網頁註冊，捐贈你的器官及組織。線上填表只需兩分鐘。

挺身發言。世上有些人需要別人為他們發聲。如果你想提倡一個理念，大可不必獨自承擔，加入別人就可以了。例如國際特赦組織，全球一共超過七百萬人響應，堅決反抗不公義；你也可以在論壇和社群上發言，或是藉由投稿等方式，把訴求讓更多人看見。

固定每隔一段期間，如每週或每月騰出特定一筆開支，捐助給慈善機構或支持某些團體。你可以偶爾帶便當上班，或少喝幾杯咖啡。把省下的錢捐給特定慈善機構，或是支持有理念的團體，例如環境運動、兒童福利、動物權利、紅十字會、癌症或帕金森氏症慈善機構等等。

* 編注：臺北市志工管理整合平臺 https://cv101.gov.taipei/；各縣市整合的志工服務資訊 http://www.npo.org.tw/job_list.asp?tp=3。

** 編注：國內台灣血液基金會資訊可查：http://www.blood.org.tw/Internet/main/qa.aspx。

讚美他人

拍拍別人的背、朝別人屁股踢一腳，兩者只有幾節脊椎骨之差，效果卻有天壤之別。

——蘭登書屋創辦人　貝內特．瑟夫

讚美，如同感激、良善、慷慨，都體現了正向思考。為什麼呢？給予讚美，能鼓勵你看到別人好的一面，覺察別人的正面努力與用意，並予以正面評價。

當你給予讚揚、表達欣賞、祝賀與感激，或只是簡單的「謝謝你」，就能讓對方知道自己的努力或行動獲得注意，也顯示你同樣付出了努力：肯定他人的行動正是一種努力。

藉由讚美，能鼓勵別人持續從事被讚美的行為。對於許多人來說，當自己對自己的努力與行動沒有把握時，一句讚美的激勵效果將更形強大。

別擔心你的讚美是否得當，否則只會更加說不出口。只要有真摯的情感，就算用詞稍顯笨拙，也總比什麼都不說的好。

讚美不只能照亮別人的一天，對自己也有相同的效果。下次感到沮喪低落或焦躁不安時，不妨看看周遭有什麼人能夠讚美。只要讓別人知道，你很喜歡他的某一點，例如鞋子很時尚、字跡端正，或是他很有耐心，無論是什麼，都讓對方知道吧。說不定，你改變的不只是他的一天，也改變了你的一天！

實戰練習

沒什麼比小小讚美所賜予的快樂，更能小兵立大功。

——美國媒體專欄作家　羅柏．布勞特

肯定一個人的特質或特殊努力。要具體。最具體的讚美，往往也最令人難以忘懷，畢竟那代表你確實觀察入微。譬如你評論對方成功解決某個棘手的情況：「我很欣賞你的耐心，遇到那麼難搞的顧客，還可以保持冷靜，真不簡單。做得好極了！」

告訴對方，他的努力帶來的影響力。當人們得知自己發揮影響力時，都會感到開心。所以假使對方所做的，帶給你正面的影響，請讓對方知道！例如：「看你順利解決這件事，我從中學到好多。謝謝你。」

當對方知道自己對你發揮了正面的影響力，他會因為自己行動所帶來的效果感到自信，且大受鼓舞。

留意人們的穿著與外表。別忘了讚美他們的家。要具體，別只說「你家好棒」或「你看起來好棒」，而是確實指出來哪些地方很棒，例如髮型或傢俱等等。

留意對方在工作上的努力。也許是商店或咖啡館裡，不遺餘力服務你的人。不妨針對他們的服務，給予正面評論吧。當你享受到極佳的顧客服務時，試著讓他們的經理知道。

用文字傳達。若情況合適，無論是寄電子郵件、訊息或寫張紙條，用文字傳達，不僅顯示出你用心的觀察與評價，也更能讓別人對你的讚美印象深刻。例如對於小本經營的店家來說，多一個正面的評價就能讓他們雀躍不已。因此，如果你參加的活動十分有趣，或是在一家小餐廳享用了美味的料理，留個正面評價給他們吧。

日後當你讀到某篇文章，讓你備受激勵時，請別忘了告訴那篇文章的作者。你可以在作者的網站或部落格留下正面評價或評論，讓他知道自己發表的文章為你帶來了極大的幫助或啟發。

享受微幸福

我寧可桌上有玫瑰，也不要頸上繫滿鑽石。

——美國無政府主義領袖　艾瑪・高德曼

小小的幸福，大成效！儘管只是稍縱即逝的愉悅、短暫的幸福，卻是一劑立即、正面的提振良方。

生命中的重大喜悅，例如找到很棒的工作、光榮升遷、錄取大學、購置新家、出遊度假、期盼的孩子誕生，這些固然十分重要。人們投入大量的時間與努力，就是為了達到這些目標，而完成人生大事，自然令人喜不自勝。然而，這些重大的喜悅並不會天天發生；微小的快樂則不同。人們可以主動創造或多加留意，就能常伴左右。

那麼，對你來說什麼是微幸福呢？泡個舒服的熱水澡？就寢時的床鋪清爽整潔？讀一本喜歡的作家的書，還是看一部精采的電影？大聲播放音樂，邊煮晚餐邊哼歌？或是在冷颼颼的早晨，換上給電暖爐烘得暖呼呼的衣物？又或許僅僅只是啜飲一口卡布奇諾的奶泡，對你來說就是個微幸福？

那麼，在床上享用早餐呢？在寒冷的夜晚大口喝熱湯呢？也許，請一天特休悠閒在家看電視，對你來說格外享受？和喜歡的人親吻、擁抱或牽手？在壁爐旁取暖、嗅聞著剛剪完散發清新氣味的草地、舒適地曬太陽、在小雨中漫步又如何？也可能，和你的狗狗貓貓說話就是個微幸福。

人生是由一連串的片刻累積而成，因此擁有愈多快樂而正面的片刻，也愈常能感到快樂而正面。

實戰練習

尋找能讓你微笑的事物，並盡你所能讓它包圍著你。

——英國心理作家　伊洛娜．博頓

提高注意力，發現周遭讓你開心的事情。一旦你開始留意周遭，你會驚訝地發現，能讓你微笑、精神大振的事情其實多不勝數。

養成尋找微幸福的習慣，並享受其中：平凡與非凡，熟悉與新鮮，小事與大事，平價與昂貴，唾手可得與難以發現或達到的事物。加拿大作家尼爾．帕斯瑞查找到了一千種微幸福。以下幾種，說不定你會有所共鳴：

- 第一次路邊停車就上手。
- 跟嬰兒擊掌。
- 無人打擾的寧靜。
- 在車上隨著音樂擺動。
- 很久沒洗澡，終於沖了個澡。

尼爾在網站上列出他的一千種小確幸。你可以前往 1000AwesomeThings.com 看看更多有趣的例子，說不定會給你一些靈感。

對於人生不同處境，蒐集正面、啟發人心的名言佳句、詩歌、歌詞。需要正面力量時就可以拿出來看看。

重溫令你開懷大笑的人事物。聆聽或觀看你會在五分鐘內大笑出聲的片段，例如 YouTube 上的趣味影片或單口喜劇演員表演片段。

找出幾樣你喜愛的物品。也就是能令你感到開心的東西，例如紀念品、裝飾品、照片或信件。

即便是上班日，也要騰出時間享受微幸福。午休時間，做點值得期待的事，例如吃好料，配上小點心；或是做運動：跑步、散步、游泳或騎單車；做美甲或洗個頭髮放鬆身心；也可以打電話和親朋好友聊天。

安排值得期待的事。無論是白天或晚上跟朋友出去玩，或是來場週末的小旅行、比較長的假期都可以。定下日期，記在手帳或行事曆，就算要等上數週或數月也沒關係。之後當你想來點好心情時，就可以拿這件事來提醒自己。

多用正面語言

言詞創造天地。

——南非演說家、作家　皮埃爾・杜・普萊西斯

我們使用的詞彙、口中的話語，具有一種力量，能讓我們對自己、他人，甚至世界產生正面感受。然而，那些詞彙和話語同樣能限制我們，讓我們對自己、自身處境、世界及他人產生負面感受。

誠如十九世紀美國小說家霍桑所言：「字典裡的詞彙是那樣天真無邪、豪無生氣，然而到了善於操弄言詞者的手裡，卻擁有良善與邪惡的強大威力。」

對於你的用字遣詞，務必提高覺察。談話時，可以稍微停頓一下重新組織想

法，讓措辭變得更正面。撰寫書信、電子郵件、訊息，都是訓練使用正面語言的好機會，因為寄出前還來得及思考及修改。當你發現已不經意使用了負面詞彙，那就仿效書寫的方式，停下來，把想法以更正面的語言表達出來。

語言只要做一些簡單的改變，就能大幅扭轉你的思考模式；換言之，能幫助你以更正面的方式來思考與行動。請記住，自我對話可以很正面、良善、鼓舞且振奮人心，所以務必更加注意並認真看待。以正面的語言來表達想法吧。

實戰練習

心裡充斥著什麼，便會掛在嘴上。

——佚名

以「有辦法」取代「沒辦法」，以「能夠」取代「無法」。告訴自己你要的是什麼，而非你不要什麼。如此一來，你的專注力就會放在你希望什麼事情發生，而非不希望什麼事發生。獲得正面成果的機會也會大為增加。

與其說你**無法**如何，不如說你**能夠**如何。例如，別再說「我無法完成這件事，除非延到明天」；只要簡單說「明天我就能夠完成這件事」，表達方式就正面多了。舉另一個例子，相較於「我無法到，除非再給我一小時」，你只要說「再一小時，我就能到」，不就更正面了？與其說「我無法告訴你，除非你等到這週末」，不如就省去「無法」一詞，簡單說「等到這週末，我就能告訴你」。

你認為這句話有什麼正面替代說法？**我無法過去找你，除非等到下週。**

慎用「從不」、「每次」、「總是」。這些詞經常被誤用，因為陳述的前後文往往並非事實。舉例來說，「我總是忘東忘西」就不見得是事實。因為你也並非總是健忘吧？「我常忘東忘西」或「我有時候忘東忘西」，或許更符合事實。

總是、從不、全部，以及「所有」，比如所有的人、所有的嘗試，都屬於「全稱量詞」。這類一概而論的說法，容易導致沮喪、失望、忿忿不平，以及價值低落的感受；也常使用在指控、爭辯或自哀自憐的情境中。比如「你從不聽我說話」。

> 使用「總是」與「從不」的陳述，常常是錯誤的、不真實的。
>
> ——佚名

試著加上「還沒」。事情進展若不符合預期，只要在句子裡頭加上「還沒」，就能創造更正面的心態。想想看，「我們沒收到任何訂單」與「我們還沒收到任何訂單」，兩句話聽起來的感受有何不同。

「還沒」意味著，某件事截至目前尚未發生，但還有時間，還有機會與可能性。因此能激勵自己抱持希望，繼續尋求解決方案。

說「但」還是「而」？

言語承載力量，至於是何種力量，取決於你。

——美國基督教牧師、作家　喬依斯・邁爾

只要稍稍調整用詞，就能大大改變你的心態，同時改變你的思考，以及說什麼、做什麼。看看以下四個句子，每個都是以正面語言開頭：

- 「我去了趟商店，買了所有我們要用的東西，**但**忘了買鮮奶。」
- 「謝謝你洗碗，**但**你沒把碗盤放回原位，也沒把流理臺擦乾淨。」
- 「我有去跑步，**但**只跑了公園兩圈。」
- 「他們人真好，邀請我一起晚餐，**但**搞不好是有人臨時不能去。」

「但」是一種淡化的字眼，會貶低前方正面語言的價值。以前面的例子來說，使用「但」之後，反倒削弱了所陳述的事實：你**確實**買了大家需要的物品；別人**確實**幫你洗了碗；你**確實**跑了公園兩圈；他們邀你一起晚餐，人**確實**很好。

以「而」取代「但」，創造出來的意義將正面許多。使用「而」，會顯得你更有可能想出正面解決方案；「但」意味著木已成舟，「而」則意指未來還有機會：

- 「謝謝你洗碗，**而**如果你也能把碗盤放回原位、流理臺擦乾淨，就太完美了！」
- 「我去了趟商店，**而**我忘了買鮮奶，所以午餐後我要再跑一趟買齊。」
- 「我有去跑步，**而**我還跑了公園兩圈。明天我要挑戰跑三圈。」
- 「他們人真好，邀請我一起晚餐，**而**我非常期待。」

不論何時，**而**都能迫使你把一句話用正面的態度收尾。

以下的句子中，你會如何以「而」來取代「但」，讓意思變得更正面？

「海裡或許有很多魚，**但**我永遠釣不到一隻我要的。」

「海裡或許有很多魚，而……」

實戰練習

言語擁有讓夢想成真的力量。

——美國基督教作家　菲特烈・布赫納

倒過來使用也可以。以此句為例：「我身體好弱，**但**我可以運動，鍛鍊體魄。」這一回，句子雖以負面想法開頭，加上「但」之後就扭轉為正面想法。在這裡，「但」鼓勵你把一句話以正面收尾。事實上，對於我們不經意表達的負面想法，只要加上「但」，就能統統轉變為正面想法！

「想到要去派對，就好緊張，**但**有幾個認識的人也會去，起碼有人可以聊天。」

「他們沒給我工作機會，**但**給了我一些很有幫助的回饋。」

你會怎麼把以下的句子以正面收尾？

「我不喜歡住在這，但……」

「我受夠了這份工作，但……」

「晚上本來要跟朋友出去，被我取消了，朋友一定很失望，但……」

一旦腦海中冒出負面想法，只要盡可能加上「但」，就能立刻轉變為有幫助且正面的想法。

回想看看你常出現的負面想法，不妨利用「但」，輕鬆扭轉成正面想法：

「我＿＿＿＿＿＿，但＿＿＿＿＿＿。」

說「應該」還是「可以」？

措辭要謹慎，因為言語的威力更勝原子彈。

——英國詩人　佩兒．史特珍．荷德

你曾意識到「應該」、「不應該」這類字眼，是多麼讓人感到壓力嗎？儘管只是一句話裡短短幾個字，看起來無傷大雅，實際上不僅毫無幫助，甚至相當有害。告訴自己「應該」做什麼，等同告訴自己**理應**怎麼做，即使你很可能根本不**想**做。此外，一旦認為自己「應該」怎麼說、怎麼做、怎麼感受，形同在否定原本的自己。因此就算有罪惡感，你卻**依然**不這麼說、不這麼做、不這麼去感受！

當你在想，別人「應該」或「不應該」怎麼做時，便是藉由質疑他為何這麼做、為何沒這麼做，來表達否定；而如果別人沒有依照你的建議去做，你或許會發怒或感到沮喪。

即便是出於好意、試圖激勵別人，一旦使用了「應該」或「不應該」怎麼做、怎麼去感受，就彷彿在給別人壓力。也像在暗示對方若沒按你的建議去說、去做、所感受，他就是做錯了。

由此可知，以「應該」或「不應該」引發正面回應的情況，實在少之又少！

實戰練習

脫口而出之前，務必再三斟酌言詞。

——佚名

與其說「應該」或「不應該」，試著改用「可以」。以「可以」取代「應該」，意味你或別人擁有選擇權，可以決定是否要這麼做。這樣調整你的措辭，能讓你在思考、說話、感受、處事上擁有更多的正面態度與彈性空間。你可以選擇如何思考、說話、感受、處事，而不是告訴自己理應或應該怎麼做，否則只會誘發更多壓力，也變得更負面。因此，比起告訴自己：「我應該停下手邊的事，回去工作。」不如說：「我可以停下手邊的事，回去工作。」

邀請自己做某件事，而非告訴自己應該怎麼做。與其告訴自己「應該」做什麼，不如問問自己是否**想**做什麼。例如不要說：「我應該多運動。」而是問自己：「我想不想多運動？」

承擔責任，坦率接受自身的想法與感受。舉例來說，不再對自己說：「我知道自己**不應該**有這種感受，但我真的不喜歡那個人。」而要承認：「我**確實**有這種感受，我**確實不**喜歡那個人。」也不再告訴自己：「我不應該這麼想。」面對事實吧：承認自己**確實**這麼想。

每當發現你告訴自己「我應該」時，請自問：「若不那樣做，會發生什麼事？」「我應該去拜訪親戚長輩。」或「我應該利用午休時間，離開辦公室，出去透透氣。」一旦問自己：「若不那樣做，會發生什麼事？」就能讓自己重新衡量，做或不做某件事所導致的後果。

至於如何回應「我不應該」這類陳述，你不妨問自己：「我要是做了，會發生什麼事？」譬如：「我不應該老是吃那麼多垃圾食物。」問問自己，如果老是吃那麼多垃圾食物，會發生什麼事。

聽聽周圍的人或社群媒體怎麼說。別人在哪些時機下會使用「應該」、「不應該」、「不可以」、「必須」、「不准」這些詞彙？使用時的語氣和說法是正面還是負面的？也聽聽別人都使用哪些負面詞彙，思考可以用哪些正面的說法替代。

提升自信

締造成功的是你能夠做什麼，而不是你不能做什麼。

——佚名

建立自信的關鍵，並不是你能夠做什麼，或沒辦法做什麼。關鍵在於你**認為並相信**自己能夠做什麼，以及做不到什麼。

擁有自信時，你相信自己**能夠**辦到，對自己和自身能力擁有正面的態度，同時也相信所經歷的事情能順利進展。

反之，缺乏自信時，你很可能相信事情會以失敗收場，甚至認為再嘗試也無濟於事。因此，在面臨嶄新挑戰或機會的時候，缺乏自信的你會這麼想：「我辦不到」、「我一定會失敗」或「我一定做不好，沒希望了」。像這樣給自己潑冷水，於是還沒開始，便放棄了。

驟下結論、災難思考、隧道思考等負面想法會摧毀你的自信，讓你相信自己辦不到特定事情。假使你不相信自己，也不相信自己的能力，在許多情況下都會陷入自卑心作祟、自尊低落的情境。這麼一來，只會更進一步打擊自信，同時感到更自卑。這就是一種負面推力。

然而，在面對挑戰及挫折時，若能充滿自信，便能奮力克服重重難關。你可以這樣思考：「我要好好試看看」、「我能夠重新開始」或「我會盡我所能」。正面想法能幫助你相信自己**能夠**辦到、事情能夠順利解決。這就是正面的力量！

實戰練習

我們會自問：我憑什麼聰明絕頂、美麗動人、天賦異稟、出類拔萃？老實說，你憑什麼不能？

——美國心靈作家　瑪莉安．威廉森

從優勢的角度出發。與其聚焦在認為自己做不到什麼而感到無力，不如把重點放在：你**深知**自己能夠做到什麼，哪些方面令你感到自信。以下有幾種方式可行：

多做喜歡且擅長的事情。你喜歡做些什麼？生活中有哪些活動，既能帶來滿足感，也能令你對自己和自身能力產生自信？無論是哪些活動，多多投入吧。比方說你的工作、志工服務、興趣，或和親友一起進行的活動。盡量從事熱愛且擅長的事情，有助於建立自信、提高自尊。為什麼呢？原因在於，你不僅**相信**這些事物投你所好、所長，也**深知**這一點。當你回顧一直以來自己曾做的事情，你會對自己以及在該領域所具備的能力充滿自信。

找出你的特質與優勢。在搜尋引擎輸入「正面特質」，找出五個能形容你的詞彙。接著為每個形容詞造句，根據對自己的了解，試著描述自己如何具備這些特質，例如有耐心、可靠、體貼、有趣、心胸開闊。這些不只是對於自己的肯定，也同時展現自己最真實的一面，**能夠**讓你相信自己、擁有自信。也別忘了把這些句子寫下來，可以隨時回顧。

建立自信。每天，做一件讓你會有點害怕或退縮的事。你會感覺到，信心與勇氣將日漸累積。接著，找一件你期望擁有更多自信心去面對的事，並採取若干小步驟來達成吧。不論是什麼事，就算極富挑戰性，但你會發現其實沒那麼困難。例如在工作場合上發言，就是一種讓你提升自信的目標。那麼，你不妨下定決心：「下午的會議，我只要提出一個問題就好。」或是從更簡單的做法開始：找個親切的人發問吧！

多與正面的人往來

我總是告訴年輕女孩子，要多接觸善良的人。很早以前，我就學會要讓憤世嫉俗的人滾出我的人生。

——美國前第一夫人　蜜雪兒．歐巴馬

生命中總會遇到形形色色的人，每個人從內在性格到外部表現都截然不同。然而，一旦去思考這些人在情緒、行動力、信心、自尊等面向上，對我們會造成怎樣的衝擊與影響，那麼，這些人便可分為兩大陣營：「發熱者」和「榨乾者」。

屬於發熱者的人，渾身散發溫暖與正面特質；而屬於榨乾者的人，常令人感到挫敗、失望、憤怒、罪惡或憎恨。他們會榨乾你的能量，他們口中的牢騷、批評、抱怨，會令你不勝負荷。

然而，我們不可能完全避開負面的人，或是一輩子徹底脫離這些人。我們能做的是覺察他們的負面特質，以及對自己帶來的影響，並竭盡所能減少與其共處的時間。一旦遇到這些人，別忘了為自己保留點一些重振能量的時間。

常與怎樣的人相處，對於一個人的思考、感受、行為模式有極大影響。你的人生需要的是發熱者、正面的人！正面的人會以正面方式回應你，如此一來，你也會以正向思考來看待自己及周遭世界。

實戰練習

讓生活周遭多一些令你開心的人吧。這些人能讓你開懷大笑，在你需要時伸出援手。這些人才真正在乎你，並值得你一輩子珍惜。其他人都是過客。

——猶太裔德籍社會學家 卡爾・馬克思

你的生命中有哪些正面的人？依據下列清單，哪些人會映入你的腦海？

- 讓我感到自信的人。
- 讓我可以完全做自己的人。
- 重視我的意見的人。
- 會誇讚我做得很棒的人。
- 有煩惱時可以傾吐的人。
- 讓我發笑、可以一同玩樂的人。

- 與我有共通興趣或嗜好的人。
- 讓我接觸到新點子、新興趣或新朋友的人。
- 慷慨付出時間、分享點子或資源的人。

以上的清單中，也許會讓你想到某個人或好幾個人；或許有一、兩人同時符合不同的選項。不用思考得太過侷限；你身邊具正面特質的人，不見得要是親朋好友，也可以想想同事或鄰居。

例如有煩惱時可傾吐的人，可能是你所諮詢的專業人士，如醫生、顧問或某個單位的諮詢人員；讓你接觸到新點子、新興趣的人，或許是某位作家；讓你發笑的，也許是廣播或電視上的某位表演者；就算僅僅只是讀到某篇文章，文章中寫到某人在面對時運不濟，依然克服逆境、締造成就的真實經歷，那個人也是帶給你啟發的人。

多看正面新聞

過去一年中，你也許看過一萬則新聞報導。試想是否有過任何一則，能幫助你在人生中做出更好的抉擇？

——瑞士作家　魯爾夫・杜伯里

作家魯爾夫・杜伯里在個人網站 www.dobelli.com 的一篇文章談到，近年來，許多人都已意識到，飲食過量對健康造成的危害。「時至今日，」他指出，「就像二十年前，我們面臨飲食上的問題，如今問題則出在資訊。我們逐漸意識到，新聞的毒性有多麼強大。」接著談到，閱讀、聆聽令人恐慌的報導，會促使體內的皮質醇分泌，讓身體陷入慢性壓力的狀態。杜伯里認為：「新聞開啟了所有認知錯誤的源頭：驗證性偏誤。就如美國股神華倫．巴菲特所言：『人類最擅長的，不外乎完全依照既有的結論，來解讀所有的新資訊。』」

杜伯里認為，新聞報導「大半談論人們無能為力的事物。不停疲勞轟炸，直到人們塑造出悲觀、痲木、諷刺、宿命的世界觀才罷休。」

美國管理學大師史蒂芬．柯維也深有同感。他在著作《與成功有約：高效能人士的七個習慣》中，解釋了「關注圈」及「影響圈」的概念。關注圈指的是經濟、戰爭、恐怖主義、名人行為、政治醜聞等領域；我們容易浪費時間精力擔憂前述的議題，並感到壓力與負面情緒。原因很簡單，**因為**對於這類事件，我們鮮少或毫無能力掌握。影響圈指的則是你**確實**能掌握的領域，這牽涉到你在日常生活中具有影響力的議題與事件，舉凡你的目標、態度、技能學習，以及讀到、聽到、看到、嘗到，還有做的運動等等。而影響圈內的議題與事件，都是你有能力處理的。不妨把大多精力投入在自己的影響圈，由於你擁有主動改變影響圈的力量，也更容易產生好的感受。

實戰練習

想展翅高飛，就得放棄會壓垮你的東西。

——佚名

生活中盡量少接觸負面新聞。以多數人來說，就算失去某些資訊來源，也絲毫無損於我們的生活。掌握最新消息，雖能讓你更了解時事，容易參與各種討論；卻也同時意味著，你的人生中充斥著無關緊要、可有可無的資訊。新聞和資訊超載之於心靈，一如糖分之於身體：攝取毫無用處的熱量，起初會令人興奮，接著又讓人情緒低落，感覺奇差無比。毫無品質可言的食物，既然都不想往身體裡塞了，又何苦把品質低落的想法填進腦袋呢？

多看正面新聞。與其把舉目可見的資訊照單全收，讓自己筋疲力竭，不如對於你在閱聽上做出更有意識的選擇。可以讀勵志故事或演講。例如TED演講（www.

ted.com）就極具啟發性且鼓舞人心。

你也可以在網際網路中，搜尋到許多致力分享世界各地發人省思的正面新聞網站：

每日好報　www.dailygood.org

赫芬頓郵報　www.huffingtonpost.com/goodnews/

好新聞網　www.goodnewsnetwork.org

正面新聞網　www.postive.news

晴空網　www.sunnyskyz.com

盡量避免過於負面報導或悲慘的消息，改看更令人振奮、讚頌人生的報導，讓周遭世界的美好帶給我們啟發。

第四部
逆境中的正向思考

管理失望與挫折情緒

凡事皆有一點魔法，就算扯平也還是會有些損失。

——美國龐克搖滾教父、地下絲絨樂團主唱　路・瑞德

一帆風順時，要正向思考很容易。問題、挫折、失望情緒萌生時，要想正向思考，才是真正的挑戰。舉例來說，當我們財務陷入困難、健康突然亮起紅燈，或遭到別人主動或消極阻撓時，都令人感到挫折。

沒考上理想的大學、沒應徵上工作、租屋被房東拒絕或漲租金，都是失望的來源。而看到自己喜愛的隊伍輸球、壞天氣打亂出遊計畫、考試不及格、公司開會被上司責備，或應酬進展沒有預期中順利……我們生命中時常發生諸如此類的不順

遂，也一再導致我們受挫。

你可能會試著遺忘，然而失望的情緒就像罩頂的烏雲，久久不散。期待落空，壞情緒隨之而來，這些反應是很自然的。即使你對某事感到心煩或失望，這並不代表你不夠正面，畢竟我們都只是凡人。

每當感到失望時，不僅要好好思考這件事的前因後果，還要花點時間接受它：事情既然發生，就是**已經**發生了，無論如何都改變不了。接著，你要從失望中汲取教訓，繼續前進。

當然，這麼做並不容易。那些我們未能如願以償的事情，例如大學沒考好、生意失敗、節慶大餐不夠美味等等，這類事件所引發的負面思考，會讓你停滯不前，深陷沮喪的泥淖。而對於這些無法重來的事，愈是耿耿於懷、被情緒綁住，就愈難理性思考，往前邁步，更不用說正向思考了。

實戰練習

你必須要能起床，好好打理自己，永遠勇往直前。

——美國演員、舞者、歌手　麗塔・莫瑞諾

放過自己，別老是想著「早知道」。不斷執著於「早知道」事情該如何如何，只會讓失望的情緒更難以排解。這是毫無幫助的。只要你持續自尋煩惱，老是想著什麼該發生、什麼不該發生，便無法採取任何有建設性的行動，應付各種迎面而來的狀況。因為自己原先有所期待，才會萌生「早知道」的念頭，所以才要放手，邁向下一步。有時候，轉個彎，人生會更好。

學習體育迷的思考方式。球員或體育迷都知道，自己或自己喜愛的隊伍萬一輸了比賽，深陷失望情緒是沒有用的。他們會擺脫負面思考，轉而思考下一場比賽，並設想可能的勝算。要把失望和挫折拋在腦後，請這麼做：下定決心，繼續前行。

思考重點放在你能做什麼，而不是原本應該要如何、現在不應該如何。敞開心胸，接受各種提案與新方法。不再去想：「早知道我應該／不應該……」，而改試著這麼說：「……或許會有幫助」、「我能夠……」或「我現在該做的是……」。

回想看看，上次失望是什麼時候。你學到了什麼？你當時是否有停下來，好好思考？究竟發生了什麼事、問題出在哪裡，若能認真思索前因後果，就有助於從中汲取教訓，避免未來再度發生類似情況。

預期未來令人失望的情況。事先備妥B計畫，不僅能幫助你降低無助感，萬一出了狀況，也不至於大失所望。例如天氣變冷又下雨，導致期待已久的烤肉派對取消；可是如果能預先想好因應壞天氣的備案，那麼派對還是可以如期進行，頂多是和原定計畫有些差異而已。

被討厭的工作綁住

喔，你討厭你的工作嗎？怎麼不早說？那可是有個支持團體呢。團體名稱就叫每個人，都在酒吧聚會。

——美國喜劇演員　杜魯．卡瑞

二〇一二年，民調及管理顧問公司蓋洛普一份調查顯示，僅百分之十三的人表示對自己的工作「樂在其中」，認為工作很有意義，令人期盼*；卻有高達百分之六十三的民眾對工作「不樂在其中」，也認為自己對工作缺乏共鳴；剩下百分之二十四的人則明確表達討厭自己的工作。

你被討厭的工作綁住了嗎？也許你的工作毫無意義、枯燥乏味，讓你感到無聊又沒挑戰性。或許你覺得自己是大材小用？你可能覺得工作壓力很大；工作超量又沒人賞識？又或者你厭惡老闆，也不喜歡同事或客戶。

也許，你無法承受辭職的後果：你不確定換了工作能否拿到同樣薪水，或是否一樣離家近。也可能你正在接受在職進修，想等到結業後再辭職？不管原因為何，即便你渴望離職，現階段都無法辭掉工作。

會不會，你看到的其實是大象的屁股？

也許各位有聽過一則故事，故事中有三位盲人被要求描述一頭大象。他們各自站在大象不同的身體部位前，一邊觸摸該部位一邊描述他們想像的大象外貌。最後，每位盲人口中的大象都長得不一樣，因為他們只能從單一面向去揣測全貌。有時，工作就像一頭大象，你只是從自身的角度及感受來看待它；也許它還有其他面向，只是你忽略了。

* https://www.gallup.com/services/178517/state-global-workplace.aspx

實戰練習

樂在工作，方能表現完美。

——古希臘哲學家 亞里斯多德

留意驗證性偏誤。愈是討厭你的工作或其中某些層面，你愈會去找尋蛛絲馬跡，來證明自己的厭惡是有道理的。不如找出工作的積極面吧。你的工作地點離家很近，通勤時間很短？還是通勤時間雖長，但可以邊開車邊聽廣播；或是搭乘大眾運輸系時用手機讀書、聽播客？老闆很差勁，但同事人很好？

讓工作變得可接受一點。與其抱怨改變不了的事實，讓自己徒增痛苦，不如找找看，有什麼是你能改變且掌握的。或許你可以和公司協商，每週有一天改為在家遠距工作？抑或減少工時？假使你認為薪水少一點仍過得去，減少工時的好處是上班時數變短，讓你有更多餘裕從事其他興趣或兼職。你會感覺自己比較不被工作綁住，甚至有更多時間發展職涯，參加其他公司的面試。

掌握你的職業及個人發展。思考工作中較為困難、乏味或苦惱的面向，並視為一種挑戰，試著把它變得較不困難、較不乏味、較不苦惱。舉例來說，也許你的工作常要處理員工或顧客投訴？不妨當作對自己的挑戰，學習駕馭投訴與設想解決之道。

或許，你可以帶頭為辦公室推動變革，讓工作環境更為舒適、工作流程更有效率，或是提案讓工作模式更具彈性。

下一份工作想做什麼？它的必備技能能否透過現有的職位來進修？無論何種技能，都要盡力做到最好，讓它成為你日後主要的工作內容。如果現在的公司無法讓你學習進修，那就撥出自己的空暇，例如午餐、通勤、下班後或週末等時間，利用網路學習、去補習班上課或是做志工等方式，累積自己的實力，為下一步做準備。

走出創傷

創傷的弔詭之處在於，它能摧毀人，又能讓人改頭換面、宛如重生。

——美國心理學家　彼得・列文

當你歷經一場重大人生變故，內心充滿震驚悲痛，恐怕無法正向思考。例如罹患重症、遭逢意外事故、離婚或親友過世等令人難以釋懷的經歷，對當事人來說，實在很難在這些不愉快當中找到正面意義。

尋找正面意義，並不意味著否定眼前的悲慘處境，而是能幫助你，無論情況再壞，都不要被惡劣的現實所打垮。

和面對失望一樣，當我們面臨創傷與不幸時，必須給自己時間去接受，事情既然發生，就是已經發生了。伴隨震驚而來的悲痛，就是要讓你慢下腳步思考、消化，並接受所有無法重來的事實：事情既然發生，任誰都改變不了。然而，等到你認為自己內心已經平復，不妨開始留意哪些人或事情能提供你協助，或是對自己有幫助，一步步把思考導向正面。

研究指出，創傷是一股強大力量，能帶來正面改變。一九八〇年代，北卡羅來納大學教授理查德·泰德斯奇和勞倫斯·卡爾霍恩發現，訪談過的創傷倖存者之中，超過半數表示自己歷經了正面改變：他們相信自己的人生終究會往好的方向改變。泰德斯奇及卡爾霍恩將這些人的經歷形容為「創傷後成長」。

除此之外，泰德斯奇及卡爾霍恩的研究還指出，經歷過創傷的人感到自己變得更有智慧、更堅強、更具同理心，也比較能接納別人，與他人建立親密關係，而且更富悲憫心。許多人同時重新評估了人生的優先順序，珍惜生命中所有的相遇，尋找可能性，並追求精神生活。

實戰練習

我們在不幸中，有時反而能找到人生目的。

——美國媒體專欄作家　羅柏·布勞特

要知道，即使在最艱難的時刻，也可能有值得感激的事物。只是大多時候，它們不是那麼顯而易見。你必須四處留意，而且多半得用心尋找。試著在日常生活中，訓練自己尋找正面事物，有助於在面對艱難處境時，更懂得如何自處。

本書「心存感激」那節提到，每天都要找到三件正面的事，並認真省思。像這樣成為每天的習慣之後，能帶你建立出一種態度，幫助你面對人生各種艱難時刻。我們無法改變已經發生的事實，卻能提醒自己別被壓垮了。

尋找正面意義。如果你剛經歷創傷或不幸，試著思考自己因此了解了哪些事情，對你或許會有幫助。

- 你發現自己具有哪些內在力量，可以運用在面對逆境上？
- 這場經歷是否讓你更有同理心，對和自己一樣陷入困難的人感同身受？
- 要如何運用這些經歷及從中學到的教訓，來幫助自己及他人，或藉以創造個人或社會價值？
- 你會如何改變處事態度或方法？眼前可能有哪些新的機會？或是可以發展哪些新的人際關係？
- 與人互動的方式可以有何改變？

要知道，成長與希望都與悲痛共存。數個月甚至數年之後，你的人生仍然有起有落。可以預先設想，懂得妥當面對。日子太難熬、看不到正面意義時，不妨對自己再溫柔一點。接納自己，用對待好朋友的方式對待自己：不變的良善、關懷與支持。

面對霸凌

勇氣如熊熊烈火，霸凌則如一陣煙。

——英國前首相　班傑明．迪斯雷利

你所擁有的一段關係或友誼，令你愈來愈鬱鬱寡歡、痛苦不堪；或是你在社群媒體上持續受到同事、家人或鄰居霸凌，甚至當面遭到欺侮或虐待。當你面臨這些情況時，你都不能以正向思考作為維持現狀的理由。

你可能現在或曾經忍受一段受霸凌或虐待的關係，因為你告訴自己，隱忍對孩子比較好，等到家裡有雙薪或經濟壓力變小之後，情況就會好轉；或者你說服自己，霸凌你的同事是不得已的，對方也有他的私人情緒，壓力很大。

這不是正向思考。這是妄想性思考。正向思考並不表示你要忽視自己所身處的困境。假使某人持續糾纏、支配、脅迫、批評或羞辱你，那麼你**必須**做點什麼，因為這種人絕不會主動遠離你！

不妨換個角度來運用正向思考。試想看看，既然我們都知道怎麼做才是對自己好，也就是真正脫離這段關係，那麼如果我們能付諸行動，將會發生哪些好事？離開霸凌者或施虐者，就是你該致力的目標。刻不容緩的目標。

實戰練習

霸凌是種可怕的東西，會一輩子跟隨你，荼毒你。但前提是你縱容它。

——美國青少年小說家 海瑟・布魯爾

尋求協助、建議與支持。保持緘默，不對任何人説，只會讓你孤立無援，同時繼續助長霸凌者或施虐者的氣焰，因此你必須對外尋求協助與支持。不要害怕告訴別人，有些人能給你有效的建議與心理上的支持，特別是曾和你經歷類似處境的人；還有一些組織團體，專門諮詢、協助、受霸凌、跟蹤或虐待的人。首先，可至政府的反霸凌網站或撥打電話救助*。若正歷經家暴，也可以向政府相關單位求助**。若遭人跟蹤，也可以報警處理。

轉身離開。除了尋求協助、建議與支持之外，也必須慎重考慮脱離現狀，例如辭掉工作、結束這段關係、刪除社群媒體帳號。轉身離開在大多情況時為上策，能讓你遠離負面處境，拿回人生的控制權。不讓霸凌者或施虐者繼續為所欲為。當然，你可能必須放棄一份很棒的工作、穩定的經濟來源、漂亮的房子，或是社群媒體的空間和聯絡人。可是更重要的正面意義是：你已經脫離霸凌者或施虐者了！對於霸凌者或施虐者，你不必再試圖取悅、安撫或避開他們；而且在脫離他們之後，你就能全心全意尋找新的工作、新的居住環境，以及新的未來。

要知道，你有權選擇如何回應。如果你的處境極為惡劣或對身心有風險，不要忍氣吞聲，而是要立刻冷靜下來，思考如何維護自身安全，以更好的生活為目標，勇敢行動。想想看，當你脫離痛苦的環境之後，可能會發生哪些好事。讓自己抽身，站在正面立場：拿回人生的控制權。

*編注：教育部網站設有「防制校園霸凌專區」，無論是受凌者或旁觀者都可以向教育部防制霸凌專線 0800-200-885 投訴，或是向各縣市反霸凌專線投訴。

**編注：國內設有家庭暴力防治網：http://www.tapdv.tw/sec_09.html。也可以隨時撥打二十四小時家暴防治專線「113」諮詢或通報，或是逕洽各地方政府家庭暴力及性侵害防治中心尋求協助。

鼓起勇氣

「掉頭？」他心想。「那可不妙！走旁邊？不可能！向前走？唯一辦法！我們走吧！」於是，他起身快步跑了起來，一把短劍緊握胸前，一手摸索牆面，心臟砰咚砰咚跳個不停。

——J・R・R・托爾金《哈比人》

鼓起勇氣，不代表不害怕。勇氣意味著**即使**害怕，也要硬著頭皮採取行動。恐懼及勇氣是相伴相生的，每當你鼓起勇氣，就是在克服恐懼；而要克服恐懼，就只能鼓起勇氣。面對恐懼時，勇氣是你所能發揮的唯一力量。藉由這股力量，可以面對各種不確定性，以及他人的反對、敵意或威嚇。

正向思考是勇氣的本質，也是勇氣不可或缺的特質。其中的內涵是：「我**可以**辦到」或「我**會**辦到」，以及「我**可以**解決」或「我**可以**處理」。

回想過去的經驗：當時你雖感到害怕，卻還是選擇面對恐懼、採取行動，最後終於順利解決問題。是什麼促成這樣的結果？是什麼讓你踏出勇敢的一步？別人是否做了什麼或說了什麼，幫助你鼓起勇氣？你有怎樣的想法或感受？

想想看，現在你是否待在令你害怕或焦慮的處境。你害怕什麼？例如，你可能害怕把心底感受告訴某人；或是你想幫自己及他人面對現實，但一想到要提出問題便十分焦慮；也許你想舉報一件不公義、不道德的行為，或是濫用權力、資源的事情，但你擔心這麼做會失去工作。不妨提醒自己，過去你也曾勇氣十足，現在，你同樣**可以**再度鼓起勇氣。

不論是辭掉工作或結束一段關係，為自己或他人挺身而出，來場演講或表演，公然反對某事，走進一個都是陌生人的空間，或獨自前往異地旅行，讓你壯起膽子、向前邁進的，就是勇氣。

實戰練習

每當你確實停下腳步，直視恐懼，便能獲得力量、勇氣與自信。你可以對自己說：「連這樣恐怖至極的情況，我都活過來了，無論日後遇到什麼，都打不倒我。」

——美國前第一夫人　愛蓮娜・羅斯福

想想看，鼓起勇氣對你有何好處：你能達成什麼？你會感到多開心？關注自己為何要做這件事、你想達成什麼，並謹記在心。如此一來，你能避免總是懷疑、不確定與恐懼，並激起踏出第一步的動力。不要抗拒恐懼與懷疑的感受，而要勇敢接受。告訴自己：「我很害怕，而且毫無把握。」然後拋開這些想法與感受，再告訴自己：「但我做得到。」

計畫你要做什麼、說什麼。不必鉅細靡遺，只要大致思考你必須完成的事就好，例如一定得去做哪些事。同時想像自己順利辦到或說出口的模樣。

別想太多。愈思考該不該做，就愈給自己找藉口，陷入恐懼的時間也愈長。

勇氣是會一點一滴消失的；也就是說等待愈久，勇氣也會隨之減少。因此，一旦決定要做什麼，不可能等到毫無恐懼才行動。只要想像自己敢於冒險、充滿信心，去做就對了。

專注在第一步驟。既然步驟規畫好了，現在只要聚焦於第一步驟，比如開口說：「我們得談一談。」不用先擔心談話該如何進行。一般來說，踏出第一步，就成功了一半。所以逼自己跨過門檻，就能創造動力，幫助事情向前推進。這是一種倒吃甘蔗的過程。只不過，開始行動需要勇氣。不妨讓自己從跨出一小步開始，你將會一點一滴累積出你的勇氣。

勇氣是可以練習的，選擇做一件你會恐懼的事。寫下五種讓你不自在的事。例如自己從沒做過的事情；或是前往陌生的地方；大聲說出你的心裡話。一次做一件就好，感受心中的恐懼，做就對了。

面對批評

批評或許令人不悅，卻不可或缺。它和人體痛覺功能相仿，讓你注意到，事情正處在不健康的狀態。

——英國前首相　溫斯頓．邱吉爾

我們都聽過「有建設性」的批評，但對於大多數人來說，即便只是純粹出於好意的批評，人們也鮮少會給予正面回應。我們在面對批評時，容易解讀為那是對我們言行的負面評價，有些人甚至視為一種人身攻擊。

聽到自己的發言或表現不符他人期待，感受當然不好。批評會導致壓力、心煩意亂，還會觸發更多的負面思考，進而引發憤怒和自尊心低落。

某些情況下，批評不見得公平，更多是別人本身的問題或僅僅只是他們期望過高。若是如此，那些就不是批評，而是一種語言暴力了：意圖侮辱、冒犯、傷人。不過如果對方持有合理論點，我們也要審慎看待批評，內省並尋求改善的方法。

批評與語言暴力之間有什麼不同？語言暴力並未針對如何改進提供任何建議。例如「你沒救了，只是在浪費大家的時間。」「你從來沒把事情做好過。你這蠢材。」有建設性的批評則不同，它提出了改善的方法。例如「這樣是沒用的，因為這**不是**我要你去做的。請按照我所示範的去做，務必在時限內完成。」

接受批評並不容易，不過就算別人不擅長有建設性的批評，你還是**可以**學習調適，並以正面的方式回應。

實戰練習

請讓我永遠別犯下如此粗俗的錯誤：一被反駁，就幻想自己遭受迫害。

——美國詩人、哲學家　拉爾夫．沃爾多．愛默生

釐清問題與解決方案。若不清楚批評者指責你什麼，那就將對方所說的，以自己的話複述一遍。「我只是想確認一下，你是說……？」或「我不太確定理解得對不對，你是認為我……？」

他說對了嗎？想想看，如果有人對你說：「你**總是**遲到！你**從來**沒準時出現過。你總是找些很爛的藉口。你從來沒想過別人！」有任何一點說對了嗎？對方的敵意與言過其實，常令我們立刻做出憤怒的反應，沒能先停下來好好思考，或許對方說的有幾分真實。批評能讓你發現別人對你言行表現的觀點。好吧，也許別人說的不見得都對，也許別人太過嚴厲或誇大其辭（事實上，多數批評者一旦沮喪或心

煩氣躁時往往會如此），但你還是必須思考這些批評的真實性。

假使對方沒說，你不妨問問對方希望你怎麼做。這點十分重要，因為你確實試圖釐清對方所指出的問題，以及解決方法。儘管如此，對方提出的解決方案，你不必照單全收。

判斷是否公平、合理，以及如何回應。如果你發現批評全然或部分屬實，可以試著調整你的行為；如果批評並不屬實，請平靜告訴對方，你理解那是他的看法，並說明這批評為何不公平或不合理。你也可以視情況什麼都不用說。畢竟對方很可能已經心存定見，就算辯駁，也只是火上澆油。

有兩種方式可以讓你從批評中獲得正面意義。如果發現批評全然或部分屬實，就調整自己的行為；如果認為批評不合理，也不符事實，釐清它的不合理，能增強並激勵自己的信念。當你認為自己正在做正確的事情，而別人的批評並不合理，就堅持下去。

原諒他人

學會原諒，意味著不再妄想過去可以改變。

——美國脫口秀主持人　歐普拉・溫芙蕾

當你被對方傷害，無論對方是不小心或故意的，都不容易釋懷。也許有人把紅酒濺到你的沙發、刮花你的車子；或者更嚴重，家人或朋友背叛你，同事散播你的惡意謠言，伴侶對你不忠等等。你對這些人和事情感到失望、氣憤，而你可能覺得原諒對方是種退讓，彷彿任由他們開脫責任。

然而，原諒對方，不代表你在幫他的言行辯解；也不代表這段關係沒有需要努力的空間，或是一切都很好不需要改變。

首先，原諒是為**你**好，能讓你心情平靜，而不是為了那些傷害你的人。

原諒意味著拋開負面特質，包括悔恨、沮喪或憤怒等等，這些感受都來自別人的行動；這也表示你不再盼望懲罰、報復、回報、補償。這也意味著你承認自己受到傷害，不再苦苦執著，讓那些冒犯、傷害、痛苦一再折磨自己。

反觀不會原諒他人，則形同刻意不讓傷口癒合，任憑傷口暴露在外，化膿潰爛。選擇原諒，內心才能真正癒合。

實戰練習

寬恕，才能讓囚犯得到自由，也只有在寬恕時才發現，自己便是那囚犯。

——美國神學家、作家　路易．史密德

如果你很生氣，就生氣吧。不要壓抑你的感受，全部發洩出來吧。然而，若你受夠了煩躁的情緒，或者現階段的你光想到某件事便感到厭煩，恨不得把討厭的人和煩惱的事情拋到九霄雲外，讓自己繼續前進，那麼你可以採取幾個步驟：

- **接受已發生的事實，也接受它對你的影響。**別人必須為自己的行動負起責任，而你也希望別人不曾做過那些事，這些都毋庸置疑。但事情既然發生了，你也無法改變，就接受吧。承認並接受別人對你所做的事，無論如何都已改變不了，那麼第一步驟便完成了。
- **找出正面意義。**當對方背叛、傷害或冒犯了你，一定還有其他人能提供你協助與支持。現在就可以立刻把傷害你的人從生命中抹去，你會發現沒有他，你的人生會快樂得多。

- **從這場經驗中，你學到了什麼。**如何改變做法，以防再度碰到類似情形？
- **寫下來。**這方式或許對你有幫助：寫封坦率、真情流露的信，告訴對方你有多麼受傷、氣憤；接著揉成一團丟掉或燒掉；看著煙漸漸升起，想像它帶走你的傷痛與失望，隨風而去，放下吧。
- **對自己或別人重述你的遭遇時，試著改變描述的方式。**每次回顧發生的事件時，負面想法和畫面都會在腦中一再重演。不妨改變你的描述方式，從原諒出發。也就是事情既然已經發生，你選擇接受這個結果，並從中學到教訓，找出正面意義，繼續前行。
- **要知道，原諒或有助於修補一段關係。**原諒他人，或許能讓他坦承過錯，甚至**因為**得到了原諒，而設法改變作風。
- **保持耐心。**原諒意味著接受事實，並從中內省學習，找出正面意義，繼續向前走。要知道，這段過程可能在一瞬間，也可能需要花上你好一段時間。

改變心意

對懂得思考的人來說，偶爾改變心意才能保持心靈純正，是件好事。

——美國植物學家　路德・伯班克

你曾否對某事改變心意？當然有！

你可能本來很喜歡一本書、一部電影或電視劇，看到一半卻改變心意，發現其實也沒那麼好看。於是，你擱著不看，改做別的事。

然而，換成是比較大的議題，例如投票、買或租房子；住在哪個地區、做哪份工作、讀哪一所大學；或者是否要和對方結婚或生小孩等等，要改變內心原本的想法，會令你十分掙扎。

為什麼呢？

也許你認為自己已經投入許多時間、心力、愛情或金錢在某個人或某件事上，不情願就這樣付諸流水，不如維持現狀就好；也可能你不想承認一開始的決定是錯的；又或者你擔心背棄承諾會讓身邊的人失望。

改變心意往往被視為負面的行動，彷彿你沒有定見、不值得信賴。

這是錯誤的！

也許你發覺自己當時操之過急，太倉促下決定。或者你原本想做的，如今看來並不妥當；直到獲得一些新資訊之後，你才發現最初的決定並不正確。又或許，你的處境有變化，人生迎來了不同選項。抑或你改變心意、決定朝更符合自己的能力、合乎實際，也較可能達成的目標前進。

正向思考！與其說改變心意，不如視為做了新的決定。誠如美國哲學家、心理學家威廉．詹姆斯所說的：「你如果能改變你的心意，你也能改變你的人生。」

實戰練習

無論如何，拿定主意吧！但如果事情發生變化，證明你是錯的，那麼不改變心意才是一種軟弱。唯有最堅強的人，才能勇敢把改變的心意說出口。

——英國兒童文學家　伊妮．布萊敦

脫離令你不愉快的承諾與處境吧。不要認為先前做的決定就「理應」堅持到底；而要思考你現在真正想怎麼做。對現在的你來說，什麼比較重要？比較符合你的人生的價值觀與優先順序？該怎麼做，才能讓自己開心？誠實面對自己的心情吧。

就算認為自己之前做了錯誤的決定，但你要相信自己在當時確實做了對的選擇，只不過現在行不通了。你沒有錯，只是情況變了。

正向思考。告訴自己，不用為了自己改變心意而感到羞愧或懊悔。不要因此認為自己軟弱或優柔寡斷，請這樣看待自己：有覺察力、心胸開闊、有彈性，能順應外界變化調整自己的判斷與決定。

提醒自己，改變心意，代表的只是你做了新的決定。

向前邁進。一旦改變心意，就要接受可能會遭受的損失，並學會放下；不過也要關注自己在這件事上的收穫。如果你現在面臨抉擇，不妨就立刻著手規畫如何採取行動來執行新決定。總之，踏出第一步就對了。

懂得體諒。如果改變心意會影響他人的處境，一定要盡早告知對方。溝通時不要找一堆藉口，只要向對方坦白說明改變心意的理由就好。在道歉之外，也可以想辦法以其他方法補償對方。

事實上，親友或同儕並不容易理解你改變心意的原因。但既然你已經開始走在正確的方向，那麼即使面對幾場尷尬的談話，也只是必須付出的微小代價罷了；而你身邊的人也會漸漸調適，找出對應或自處之道。假使你仍維持現狀，把自己困在令你厭惡的處境，無法做自己想做的事，這一切只會令你沮喪低落、繼續裹足不前。

擺脫罪惡感

人人皆會為未盡的善舉，心懷罪惡。

——法國啟蒙思想家　伏爾泰

罪惡感或羞愧皆令人苦惱。然而，就像所有情緒一樣，罪惡感也有其正面意義：做錯事、說錯話，傷害或冒犯他人，罪惡感能促使你糾正錯誤。例如沒去朋友的重要聚會，令你產生罪惡感，而罪惡感會驅使你在某方面彌補朋友。

假使你從未感受過罪惡感、悔恨或羞愧等情緒，你又怎麼會在乎自己的行動能影響別人？如果就此讓自己深陷罪惡感，變得麻木不仁，也不採取行動來挽回局面，罪惡感會因此形成一種對自己有害的情緒。

罪惡感可能來自於各種情境和事件。也許你把親友的東西弄丟或弄壞了？或許你說了貶損或刻薄的話，讓某人失望了？也可能你對孩子失去耐心、還發了脾氣？你認為自己應該常打電話關心或探視家人，卻沒有做到？

無論你做了什麼，或沒做什麼，你認為自己犯了錯，感覺糟透了！這些事情不斷浮現腦海，腦海中的你感到更難堪。一次又一次的回憶，就像多人的傳話遊戲一樣，話語傳給愈多人，反而愈偏離事實。

糾結在罪惡感是沒有用的。你必須原諒自己，做出有建設性的行動來改善。而要做到這一點，就要接受那些已經發生的事實，並以實際行動來彌補，從事件中汲取教訓，繼續向前邁進。

實戰練習

再糟的狀況，罪惡感都可以讓它雪上加霜。

——美國漫畫家　比爾・華特森

別對自己太苛刻。也許是狀況不允許，你別無選擇地這麼做：例如你沒辦法前往觀賞孩子的話劇表演，也許是因為當天無法請假；你批評別人，可能是因為當時內心太過急躁，有欠考慮；你弄壞了別人的東西，則可能純屬一場意外。

別試圖怪罪他人。自己應負起的責任，務必承認並接受它。不要嘗試為自己辯解。如果你的錯誤影響了他人，對於他人的痛苦，你務必承認並接受，不要想粉飾或找藉口，也別再鉅細靡遺回溯事情經過，試圖為自己開脫。

道歉。具體說明你對什麼感到抱歉。你深感抱歉的，是沒能出席他們的派對，還是讓他們失望了？抑或兩者皆是？

想想是否有任何辦法能彌補你的行為。如果你**確實**打算做些什麼，那就盡早補償吧。無論你想補償什麼，都要和你所犯的錯成比例。錯過孩子的話劇表演？與其買新的電腦遊戲送孩子作為補償，不如提議放學後一起吃冰，聽孩子說表演有多精采；若把他人的東西弄壞了，趕快找人修理或買一個新的給對方。這些補償都是你優先要處理的。朋友先前安排的活動，比如晚餐或週末出遊，如果你因故未能赴約，那就主動找一天邀請朋友一起從事某個活動。

繼續向前。耽溺在罪惡感對自己一點幫助也沒有。你盼望別人能看見你的補償，但別忘了做好心理建設，畢竟對方或許還沒準備好接受補償，面對你的歉意。如果你已經盡力了，就得接受這項事實：接下來只能看對方了。

擺脫後悔

別讓昨日種種，占去太多的今日時光。

——美國喜劇演員　威爾・羅傑斯

後悔的源頭是你察覺到過去某個時間點，比如一個小時前、一週前，甚至數年前，你的決定出了「差錯」，才導致你做了某件事或沒做某件事。如今，你的看法變了，回顧當時的遺憾，感到自己在某方面十分失敗。

人們通常因為自己沒去做某件事，或是錯過某個機會，心生後悔，因此在回顧時常用「真希望」、「早知道應該」來開頭。「真希望年輕時常去旅行。」「早知道應該念大學的。」「早知道應該更有耐心的。」「真希望當時有接下那份工作。」「真希望我昨晚有去派對。」

過去做了某件事，如今回想起來，真希望自己當時沒做，這種情形也可能萌生後悔。「真希望我當時沒把最後一塊巧克力蛋糕吃掉。」「早知道不該辭掉工作的。」「早知道不該說那句話的。」當時的情境不斷浮現在腦海中：早知道應該這樣才對；要是當時這麼做、這麼說；或沒那麼做、沒那麼說，該有多好。

感到後悔時，你常會根據現在的想法，來衡量過去所下的判斷。然而，讓「現在」來評斷「過去」，既不公平，也不合理。

別讓後悔害你停滯不前，被挫敗感與無力感包圍。不妨以更有建設性的方法來善用你的後悔。其實後悔，可以帶給你學習與改變的契機。不過在此之前，你得先拋開「早知道應該」、「早知道可以」、「早知道能夠」這種念頭。或許從某件事來看，你當時確實可以選擇做與不做，但你現在的情況又會做出怎樣的決定呢？

實戰練習

過去，我照我當時所知的去做。如今，我懂了更多，我會做得更好。

——非裔美籍詩人　瑪雅·安傑洛

要承認，過去已發生或沒能促成的事，你都改變不了。請記住，過去你所做的或沒有做的事，都是你根據當時情況及相關資訊所做的判斷。**汲取教訓。**你對自己增加了哪些認識？對他人又多了哪些理解？**正向思考。**轉移你思考的重心。仔細想想從現在開始，能夠怎樣改變處事方法。如果發現自己有後悔的念頭，就給自己一點正面想法。以下提供幾個例子參考：

「早知道應該先打電話的，所以現在我要……」

「真希望當時點了菜單上其他的料理，所以現在我要……」

「早知道應該念大學的，所以現在我要……」

「真希望年輕的時候有常去旅行，所以現在我要……」

別忘了，負面陳述後加上「然而」或是「所以」，是具有力量的，能導引出一段正面的結論。

問問自己，要如何幫助自己繼續前進。你需要怎樣的支持？或你需要找人談談？還是設下一些目標？

原諒自己。你和每個人一樣，都難免犯錯。如果你總是期許自己每次都表現完美，請拋開這個想法吧。饒舌歌手、好萊塢演員皇后·拉蒂法曾說：「我做過一些讓我後悔的決定，而我把這些都當作學習的經驗……我是凡人，並不完美，和每個人一樣。」

擺脫擔憂與焦慮

擔憂：以令你不愉快且恐懼的方式，思考可能出現的問題或不悅之事。

——劍橋詞典網站（dictionary.cambridge.org）

我們很清楚擔憂與焦慮的感受。例如一想到要參加工作面試或考試，就會感到焦慮。最近是否有什麼事令你十分煩惱？比方說你很擔憂健康檢查的結果；也可能你對於做簡報、旅行或參加派對，以及婚禮、同學會等社交活動感到焦慮？一旦感到擔憂與焦慮時，懷疑、恐懼等各種負面情緒會盤據內心。對於接下來會發生的事、如何發展，以及萬一事情出了差錯，自己是否有辦法解決等等，許許多多的不確定性都令你失去信心、毫無把握。

擔憂與焦慮之間有差別嗎？一般來說，擔憂有具體事由，時間上相對短暫；焦慮在程度上和擔憂很接近，但時間上持續得較久。

但是，無論你感到擔憂或焦慮，都和感受其他情緒一樣，擁有正面的意義。這些情緒就像你內心的警報器，督促你採取任何可能的行動，以避免最糟的情況發生。

實戰練習

別擔憂未來，也別去擔憂；要知道，擔憂的功效，跟試圖以嚼口香糖來解代數方程式是一樣的。

——《芝加哥論壇報》記者　瑪莉・施密奇

學習以計畫取代擔憂。擔憂時，腦海會反覆思索同一個問題，卻沒有任何行動。而一項好的計畫，則能讓你做足準備、預備解決方案，以防患未然。因此，找出你擔憂的事情，並預想最糟的狀況。比方說，獨自開車旅行令你十分擔憂，擔憂的原因也許是你擔心途中會迷路或車子拋錨。

尋找解決方案。應該聚焦在你**能夠**做些什麼，而非事情有哪些方面超乎掌握。找出一個**現在**就可以採取的小步驟。以開車旅行為例，也許你能夠確保手機電力充足，並且攜帶地圖，以防導航失靈；也能夠加入汽車搶修服務會員。一旦針對問題逐一採取行動，就能減少擔憂，因為你已做好準備。

即使做好計畫，你卻還在擔憂，記得告訴自己：「停！我已經計畫好了！」保持這個想法：把正面成果視覺化。創造畫面，在腦中想像自己克服困難、一一解決問題的場景。

做點正面的事。想想看，有哪些活動能幫助你轉移注意力，不再擔憂；特別是當你碰上一件根本無從準備，而你無須浪費時間擔憂的事情。在那些轉移注意力的活動上，你可以只投入短短的十分鐘，也可以沉浸其中一個小時以上。只要是能幫你靜下心來的活動都好，像是聽音樂、讀小說、看電影；玩填字、數獨等益智遊戲也不錯；或是打電玩、手遊。

你也可以起身動一動，例如快走、慢跑、騎單車或打網球；或是做做家事：打掃家裡或整理庭院花草。無論做什麼，只要你專注其中，各種擔憂的念頭都難以進入你的腦袋。

管理嫉妒的情緒

嫉妒是去計算他人的幸福，卻對自己擁有的視若無睹。

——美國幽默作家　哈羅德．寇帆

嫉妒是一種涵蓋失望、沮喪、憤恨的複雜情緒，當別人擁有我們欠缺卻渴望的東西時，我們就會經歷這種感受。在我們認識的人當中，有些人擁有的比我們更多。他們可能比較有才能或天分、更富有、更快樂，或是擁有全心支持自己的家人等。

你會感到嫉妒，也許是別人搶先一步得到你渴望的機會，比如升遷、工作、房子、新夥伴等等。或許你知道自己嫉妒的只是芝麻綠豆小事，但這些事依舊令你感到不快；最簡單的例子是看到朋友或同事在社交媒體上的貼文得到比你多的「讚」。這不公平！

一旦發現別人擁有你所沒有的事物，你就會忍不住比較自身與他人的處境，並常因此倍感挫折。

然而，不論對方是誰、擁有什麼，把自己與別人比較，意味著你只看到了別人所擁有的，以及自己缺少的。這種自慚形穢因此轉變為對別人的厭惡與妒恨。嫉妒甚至會讓你忘了自己是誰。光是比較別人所擁有的和自己所缺少的，只是徒增痛苦，並會開始質疑自己。

那麼，嫉妒也有正面的意義嗎？**當然有**。只要不讓自己深陷在嫉妒的情緒中，或是盡想著自己的不足，嫉妒倒是相當能激勵人心。若能正確應用這種情緒，藉由比較來鼓舞自己改變現狀，就會更有動力達成目標。

實戰練習

有三樣東西，我一輩子得不到：嫉妒、滿足、綽綽有餘的香檳。

——美國詩人 陶樂絲・派克

辨識嫉妒。下次發現自己憎惡別人所擁有的事物時，試著辨識那是怎樣的感受：嫉妒。

接受吧。假使他人所擁有的，是你絕不可能擁有的，例如自然捲的髮質、天使般的歌喉、寫出暢銷小說的文筆與想像力等等，那就接受現實吧。轉移你的注意力，聚焦在你**確實**擁有什麼、你**能夠**達成什麼。

運用嫉妒，設立目標。與其沉溺在「為什麼他們有？這不公平」這類想法，不如著手規畫接下來該怎麼做，才能也得到和別人一樣的事物或成就。儘管不盡相同，例如你可能沒有全力支持你的家人，但你還是能尋找其他管道滿足，像是結交支持你的友人。這些能幫助你變得更正面，因為你不再去比較。相反地，你全力以赴，追求目標。而這些是你根據自身能力，以符合實際情況的努力，勇敢追求的目標。

換個角度來看。以社群媒體發文來說，你很少會看到有人提到和伴侶吵架、討厭自己的工作、孩子考試考差了這類事情。多數人表現出來的都是他們希望你看到的，是生活中經過編修、光鮮亮麗的一面。因此，下回發覺自己嫉妒他人的生活時，請記住，你看到的只不過是他人生活的一小部分。別去想：「他本來生活就很愜意，這根本不算什麼。」要看清全貌，就要先認清一點：每個人都不見得能擁有自己想要的事物，同時每個人都有自己的問題需要解決。

結交新朋友

一張陌生面孔背後，說不定有位朋友在等候。

——非裔美籍詩人　瑪雅・安傑洛

你是否認識這樣的人，不論去哪裡都能交到新朋友？那股落落大方的自信，就像磁鐵一樣吸引著所有人。然而，實際上對我們大多數人來說，結交朋友並非這麼容易的事情。

也許你搬到新的地方、換了新工作，或當上新手爸媽。你可能想認識同好或結交志同道合的朋友，一同玩樂，也能相互支持。

有時你感到孤單，純粹想與人互動、被接納、有歸屬感、融入人群。你渴望的或許是陪伴與支持；也可能你只是想去電影院，旁邊坐個認識的人。

許多研究指出，提升個人幸福感最正面的做法之一，就是與人互動。友誼是幸福感不可或缺的一環。人類天生是社交動物，與人產生情感連結、形成親密關係，能令我們獲益良多，這都來自我們的天性。

我們當中大多數人會使用社群媒體，來分享我們的生活細節。分享對象中的「朋友」，從數十人到數百人都有。可是這些虛擬的朋友，和真實世界的友誼是截然不同的。

但這必須付出努力，你得願意去認識他人。要做自己，也要懂得付出。你當然**能夠**結交新朋友，但只是等待他人上門是沒用的。你必須自己走出去！

實戰練習

你不能總窩在森林角落，等待別人來找你。有時你必須自己主動去找他們。

——艾倫・亞歷山大・米恩《小熊維尼》

從興趣開始吧。你有某種興趣，參與相關活動時就能樂在其中，也會因此遇到投契的人。無論你的興趣是打網球或看火車進站，都能更容易與興趣或價值觀相近的人開啟對話、交上朋友。不妨找一些和你相近的人吧。尋找聚集熱愛編織、唱歌、登山健行或閱讀的同好，你可以逛逛各社群媒體找到同好，或根據所在地區，搜尋並加入相關團體。這類團體非常多，滿足擁有各種嗜好的人，有些甚至是你意想不到的。從常見的讀書會、藝術鑑賞社、電影社、科幻社；也有園藝社、唱歌社、單車社。會參加「同好會」的人都很清楚，你能在這裡認識一群同樣敞開心胸交朋友的人。你不妨嘗試看看，找到一群同樣熱愛桌遊、攝影、足球、步行或籃球、網球的人，你會發現比起一般社交，跟他們互動起來自在許多。

認識朋友的朋友。結交新朋友、拓展社交圈，最容易的方法之一就是認識朋友的朋友。下次聚會，不妨請朋友邀請一至兩位朋友一同加入吧。

走入人群。認識結交新朋友時，不妨主動一點，找個適當時機，邀請幾個人一起出遊、來家裡吃咖哩或披薩、上酒吧，彼此邀約參加共同感興趣的活動。

當志工。當志工也是結交朋友的絕佳途徑。透過合作，結識一群理念相近、樂於奉獻的人，也有機會建立更密切的友誼。可前往志工網站＊搜尋所在地區的志工機會。

＊編注：臺北市志工管理整合平臺 https://cv101.gov.taipei/，各縣市整合的志工服務資訊 http://www.npo.org.tw/job_list.asp?tp=3。

冒險一試

問題在於負面偏誤；我們往往會誇大特定行動的風險，低估其他行動的機會。

——美國企業家、暢銷作家　提摩西・費里斯

換工作、當自由工作者，就像騎公路車下坡、洞潛或激流泛舟，都涉及風險。投資股市、接受重大心臟手術，甚至相親，也是一樣的。透過 Airbnb 出租房子有風險；獨自到異國旅行；或只是一個人上咖啡館，也可能暗藏風險。

無論如何，這些事情都難免有出差錯的可能。

你或許對一個新的機會躍躍欲試，譬如參與極限運動、工作上承擔新的責任等等，但即便如此，你仍會擔憂是否值得冒此風險、事情進展能否順利。因為你知

道，事情有可能出差錯；還有一些潛在危險，可能導致你在某方面蒙受損失。一旦肩負風險，隨之而來的責任、壓力與後果，你實在沒把握能承擔。

然而，每每品味一本沒讀過的書，或初次翻閱某作家的著作，都是在冒風險。決定看一部新電影，嘗試一間新餐廳或沒吃過的菜餚，也同樣在冒險。風險就在於，這本書、這部電影、這間餐廳、這道菜，有可能不符期待。

藉由冒險，你會敞開心胸，接受新的點子、機會及體驗。不論對自己、自身能力、他人或這個社會，你也能發掘出其中好的一面。誠如作家T・S・艾略特所言：「**唯有甘願冒險過頭的人，才知道極限身在何處。**」

冒險一試，代表你主動讓事情發生，而非坐等事情降臨在自己身上。既然你甘願冒此風險，你愈可能盡最大努力，確保事情**將會**順利發展！

實戰練習

大體而言，安全是種迷信。人生若非一場膽大無畏的冒險，即一無所有。

——美國社會運動家　海倫・凱勒

降低風險。思考可能發生的最糟情況，是一種負面思考，很可能會成為阻擋你冒險一試的障礙；然而，它也能幫助你準備就緒，盡可能把風險降到最低。比方來說，如果你打算購置房產，可以雇用一位測量師，為你找出房屋結構上的問題，如此一來，你能在充分掌握資訊的情況下，決定是否照原定計畫買下房子。如果你打算在一場活動中試做一道新料理，那麼，你可以提前一週試做。任何會背負風險的事，都可這樣來進行。事情出差錯，在所難免，因此，預測最糟的情況，事前規畫解決方案。這包括尋求建議或蒐集資訊、多加練習、做好安全檢查、存錢、設定時限等等；凡是你認為相關且必要的過程，都可以納入你的事前準備計畫當中。

制定B計畫。制定B計畫，即應變計畫。這能幫助你鼓起勇氣做出積極且冒險的決定。為什麼？因為你知道，即便事情進展不順利，起碼還有替代方案。

習慣風險：冒一點小風險無妨。想想看，在你能力範圍內，有哪三件事能讓你脫離舒適圈，同時又不會超過你的限度。例如你可以品嘗一樣新食物，風險是可能不會符合你的口味；或者拜訪親友時，偶爾換一條新路線走，風險是你可能會迷路；有時候你可以對一位陌生人微笑，風險是對方可能會對你側目。

相信自己，果斷決定。有時候不用想太多，允許自己順從衝動，採取行動。果斷做決定，能令人感到自信。不妨再率性一點。假使你突然間想冒一點小風險，就去做吧。

擁有正面身體意象

我不要犧牲心理健康，來換取完美的身體。

——美國歌手　黛咪・洛瓦托

身體意象，指的是你如何看待自己的身體，以及身體的特徵；身體的特徵包括涵蓋身形、身高、體重、臉部細節等等。

對於自己的身體，你有何感受？你是否有正面的身體意象？你的行為模式，以及身體想做或不想做的事，都會受到身體意象影響。

我們自己與別人如何看待所謂「正確」的身材與體型，都會影響我們對身體的感受，並因此定義出身體「應該」要有的樣子。別人可以是朋友、家人，社會觀感與大眾媒體等等。

不幸的是，我們每天都被無數的「完美」畫面轟炸：完美的生活、完美的家庭、完美的食物、完美的身材。在大多數情況下，從生活到身材，我們很難不把自己和別人做比較，然而卻每每深感自慚形穢。可是與他人比較，或藉由比較來看待自身的方式，都十分不切實際。

要如何對自己的身體產生正面感受？挨餓、揮汗如雨、捶打身體，直到每分每寸都緊實有致、呈古銅色、結實強壯、毫無贅肉，練就出你認為「應該」有的身材？這絕對不是正確答案。重點不在於你的身體看起來如何，而在於你對自己的身體有什麼感受。因此，如果你對於身體意象負面多過正面，那麼，你必須調整你看待、思考、訴說身體的方式。

實戰練習

別再一天到晚，對自己的身體過分執著、咒罵苛責、追求完美，彷彿這是你唯一能獻給這世界的東西。

——《紐約時報》暢銷作家 格倫儂・道爾・梅爾頓

要避免加入「我恨我的鼻子／大腿／牙齒／肚子／屁股」這類談話。談論別人相貌美醜，或是誰的手臂鬆弛、鼻子過大等等……當你加入這類話題，會影響你對自己身體的看法。甚至在不知不覺中陷入一種相互比較的自我批評：一旦朋友談及自己的缺點，你也提起自己的缺點試圖贏過對方。下一回，當朋友說自己身體有何缺點時，不妨轉移話題，聚焦在你的正面特質上。每個人都要為自己和對方，想出三種身體的正面特質。如此一來，在談話中讓彼此都對身體累積更好的感受。

**留意社會大眾和傳播媒體的訊息、畫面、態度，是否會令你對自己的身體出現

不好的感受。避開經常嘲諷名人身材的八卦媒體。英國作家維吉尼亞・吳爾芙曾寫道：「他人的眼光是我們的監獄；他人的想法是我們的牢籠。」所言極是。你必須掙脫束縛，維護自尊的完整。要提醒自己，完美無瑕的媒體畫面，對大多數人來說，都是無法企及的（即便是畫面中的主角，也是拜修圖或美肌軟體所賜！）。

轉移注意力，別再想身體看起來如何，而是關注身體能夠做什麼。一旦開始思考身體能夠做什麼，便能從截然不同的角度來看待身體。這就是正面的角度。對於身體能做到的，都要心存感激。每天，身體都在替你勞動：走路、跑步、搬重物與揹背包、書寫與說話、切菜與攪拌蛋液。因此，要對身體感恩。

提高身體潛能。不論你的身體有何能耐，都不妨給予它挑戰。你可以嘗試新的活動或技能，例如需要創意的技能，像繪畫或工藝；也可以是運動，舉凡瑜伽、跳舞、登山健行、騎單車或攀岩。藉由運動，能確保你是從「內在的能力」、而非從「外在的樣貌」來體驗身體；這樣也能讓你對身體中無數的潛能，抱持感激之情。

寫下你的三樣正面特質。這些令你喜愛自己的特質，要與外表無關；提醒自己，一個人的外表，絕不能百分之百代表你是怎樣的人。

避免咎責遊戲

聚焦於解決問題，永不把重點放在咎責。唯有找到解決方案，問題才得以化解。
——加拿大勵志作家　凱瑟琳・普爾西斐

當你身陷困境時，你多常怪罪在某個人或某件事情上？你所遭遇的問題，有多常應該由他人負起責任？工作、同事、伴侶、孩子、寵物、鄰居、媒體、天氣，或政府？

某件事出了差錯，或未能照期待進行，令你失望、沮喪或憤怒。你覺得被辜負了。你認為自己是好人，別人是壞人。他們錯了，你是對的。這不公平。

許多情況下，可能真的是別人的錯。然而，當我們在出了問題就責備別人或其他因素，一來容易流於妄加評斷的報復心態；二來是一旦自認為受害者，反而讓自己變得更無能為力。無論如何，責備或指責，只會令你一籌莫展，停下解決問題的腳步。

比方來說，你和某人在異國的城市迷路，如果你這時怪罪對方，對你們都毫無幫助。這是當然的！碰到這種情況，不妨把時間花在找到正確的路、到達目的地，才是一種有效且正面的做法。

當你深信，別人才要為問題扛起責任時，你很容易認為，別人也應該負責解決問題。然而，當你不再執著於錯在對方身上時，你才能靠自己找出解決方案。

實戰練習

人們總愛把自身的遭遇歸咎於大環境……然而，世上有所成就的人，每天一起床，便尋找自己想要的大環境，如果找不到，就靠自己創造。

——愛爾蘭劇作家　蕭伯納

認清自己何時會責備他人。無論是睡眠不足、網路斷線或朋友指引錯方向，我們常讓責備成為一種習慣，卻渾然不覺。試著覺察自己哪些時候會說：「這不是我的錯」、「都是你的錯」、「你害我感到……」、「我做不到，還不是因為他們……」、「你早就應該……」、「這不公平」、「你憑什麼害我……？」事情難免出狀況。接下來怎麼做，才是最重要的。你是否想找出罪魁禍首？是否想找出問題癥結？為什麼？你是在設法釐清問題所在，以免重蹈覆轍，還是說，你只是想把責任推在其他的人或事情上？

要知道，咎責遊戲只是在浪費時間。每當你忙著推諉過錯，都只是在浪費你的時間與精力，對於解決問題無濟於事。執著於追究問題所在、事情應該要怎樣才對，都屬於負面的責備想法。當你發覺自己陷入這類想法，趕快跳脫出來，這麼一來，會更容易找到正面的解決方案。

承擔責任。試想可能你在某方面也是罪魁禍首。當然，這並不代表其他人與此毫無干係；而是意味著也許你也難辭其咎。冰箱的鮮奶沒了，你怪伴侶老是忘記買鮮奶。可是如果你早知道他常忘記，為何還都要他去買？你應該設法提醒他，或這乾脆自己買。

可能是別人的錯，也可能不是。這都不重要。從中學到了什麼教訓、下一步該怎麼做、類似情況再發生時該怎麼做，才是現在最重要的。

別為小事抓狂。好吧，就算是朋友害你們迷路，就算是另一半訂的飯店房間不如預期。但有那麼重要嗎？就讓事情過去吧。

別妄加評斷

妄加評斷的人，永遠無法理解。懂得理解之人，從不妄加評斷。

——佚名

你是否會對他人和他人的言詞與行為妄下評斷？這是難免的。要完全避開評論別人，是不可能的。你也是普通人。我們很容易對他人任意做出評價或產生刻板印象。然而在通常的情況下，我們在妄自評斷他人時，會刻意忽略正面意見，所參考的多半是負面資訊。

我們經常探聽別人的意見，例如政治或宗教信仰；也會觀察別人的行動，例如吃什麼食物、喝多少酒、身上有什麼刺青、穿什麼衣服、聽什麼音樂、如何養育孩子、哪裡動了整形手術等等。一旦不贊同或無法理解，便擅自批評與評論。

我們都有一些既定想法，認為別人「應該」或「不應該」怎麼做、「應當」採取哪一套做事方法。一旦他們的言行不符我們期待時，便評斷對方的行為愚蠢、瘋狂或「大錯特錯」。我們在討論時從不留餘地，也不試著理解或深入探討。我們從不認為，對方只是處事方法與我們不同而已。

臆測別人很容易，卻也使我們不懂得尊重別人，以及去理解他的處境與選擇。我們自認為對事情瞭若指掌。然而，如果你能敞開心胸，從更正面的角度來看待別人的處境與選擇，情況會變得如何？除了不同的處境與選擇，如果你也試著正面看待對方的缺點和壞習慣，情況又會變得如何？

實戰練習

重點不是你看了什麼，而是你看到了什麼。

——美國作家、哲學家 亨利・大衛・梭羅

覺察自己何時會妄下評斷。如果你對於別人的言行感到惱怒、失去耐心、失望透頂，甚至火冒三丈，這時你可能會妄下評斷。假使你認為這是他活該，或者他本來就該改變做法，那麼這就是你在妄下評斷。此外，對別人的窘境抱著輕蔑的態度，或在言談間貶低別人，也是在妄下評斷。

與其評斷別人所做的或沒做的事，不如試著了解那個人。舉例來說，這人是不是沒睡好？你怎知他遇到什麼事而沒睡好？你可能會感到煩躁，心想旁邊的小孩怎麼一直哭鬧。但也許是孩子身體不舒服，或有學習障礙，而不只是因為父母很糟糕，不去管教自己的孩子。

發揮同理心。問自己：

- 我是否真的了解他人的處境，或只是自以為了解？
- 我能否更加了解他人的處境？
- 若能設身處地為他人想，我會認為對方的行為背後有何原因或動機？可能有哪些合理的解釋？

姑且放過他吧。對方也許有不得已的理由，假使能知道是什麼理由，也許我們會因此改變評斷。試著想像對方的處境，以及行為背後的可能原因，並根據事實，找出最合適的解讀；同時退一步想，對方的行為或許情有可原。

練習設身處地、有同理心。無論在廣播、電視或公共場合中，當你看到或聽到某人的言論，並因此感到憤怒時，不妨就隨他去吧。至於他們基於什麼理由出現這種行為或言論，試著相信對方絕非出於惡意，而是抱著良善的初衷。

面對變化

變化，是人生唯一的常態。

——古希臘哲學家　赫拉克利特

曾說出「變化，是人生唯一的常態」的古希臘哲學家赫拉克利特，也曾說：「同一條河，沒有人能踏入兩次；原因在於，河水早已不同，而人也已不同了。」藉以闡述變化恆常的觀點。

變化恆常的不僅是河川。天氣和菜單會變、郵件送達時間和節目播映時間會變、執政黨和地方首長也會變。儘管變化持續發生，並不代表我們就能欣然接受、習以為常。事實上，我們感到的重大變化，例如人事大風吹、工作流程異動、裁員、搬遷、摯友或親近的家人搬走等等，都可能令我們感到威脅且脆弱無助。

前景充滿變化時，意味著你面臨不確定的未來，不知將發生何事，因而往往會做出最壞的打算。你可能擔心一旦狀況改變，自己將無法調適、難以自處；也會擔心事情進展能否順利。變化固然讓人深感壓力，但如果你堅持不變化，也同樣讓情況窒礙難行。硬撐下去，就像逆流游泳，會令人筋疲力盡。與其如此，不如把一樣的精力，用在迎接變化、繼續前行。

實戰練習

萬物若不曾變化，世上便沒有蝴蝶。

——佚名

蒐集情報。面臨變化時，盡可能掌握相關資訊。針對生變的情況提出問題、蒐集資訊。找親友或同事聊聊，問問他們的想法，尋求支持。同時也要搜尋你可能需要的資源。

把你認為可能隨變化而來的負面問題，全列出來。認清各種負面問題是十分重要的，別忽略或否認變化可能帶來的困境與挑戰。

擁有正面信念與期待。現在，把正面事物寫下來，比如變化可能帶來哪些新的機會。但也要認清變化可能帶來的負面問題，並竭盡全力做好準備。接著，選擇關注正面事物上。

善用優勢。利用你的優勢，準備好應付變化。你具備哪些技能、能力、知識，足以應付變化帶來的挑戰？

練習做出改變，見識自己適應的能耐。養成習慣打破做事慣例，是一種有效策略，有助於應付人生中無可避免的變化。開車、走路去超市或騎單車時，可以換一條路線；房間裡的鐘或廢紙簍，不妨換換位置。看看要過多久，看時間才不會看錯方向，垃圾才不會扔到地上。該怎麼做？就從今天開始吧。訓練自己應付變化。

找出不變的事物，堅持下去。歷經接二連三的變化時，把例行習慣寫下來，會十分有幫助。讓生活中某些事物維持不變，如每天遛狗、週末跑步等等；這些不變的習慣猶如「定心丸」，提醒自己有些事物仍一如既往。

第一部實戰練習解答

了解負面思考的正面意義

- 憤怒的正面意義：憤怒是一股強大動力，能激勵你改正錯誤、達到目標。也能讓他人知道，你對某件事物的感受有多強烈。
- 妒忌的正面意義：保護自己不致失敗，也警惕自己，或許你該更上一層樓、努力進步，或避免失去某樣事物或某個人。
- 尷尬的正面意義：尷尬意味著你在乎他人怎麼看待你；你對於自己的言行感到後悔，也坦然面對、心懷歉意。以別人的狀況來說，尷尬代表著你對於他人的言行不能認同，想保持距離。
- 無聊的正面意義：促使你找尋新的方法，來進行令你感到乏味至極的事情，並產生興趣；或者，若情況允許，你大可轉身離開，從事其他活動。

辨識認知扭曲

- 我寫的報告會犯這些錯，有什麼好奇怪的。經理沒給我充裕時間好好完成，又能抱多大期待？**責備**
- 我敢打賭，他們會找我加入，是因為某人趕不及過來。很顯然地，他們本來並沒打算邀請我。**揣測人心、驟下結論**
- 我從沒搭過倫敦地鐵。我一定會腦袋一片空白，緊張不安。用膝蓋想也知道，我鐵定會完全迷路。我會不知道怎麼做。**災難思考、極端思考**
- 面試官人很好，但我滿腦子都是我答不出來的那一題。**隧道思考**
- 經理後來改變心意，結果報告根本派不上用場。這又證明了他一點能力也沒有。

驗證偏誤

- 朋友還沒回我訊息。我一定是做了什麼讓他不開心的事。**驟下結論**
- 如果不夠完美，這整件事只是在浪費時間。**極端思考**

正向思考名言佳句精選

悲觀者總在機會裡看到困境，樂觀者總在困境中看到機會。

——英國前首相　溫斯頓．邱吉爾

知道如何讓事情盡善盡美，方能做得盡善盡美。

——美國著名籃球教練　約翰．伍登

無論做什麼事，比起負面思考，正向思考都能讓你表現更為傑出。

——美國勵志作家、演說家　吉格．金克拉

令你不快樂的主因，永遠不是情況本身，而是你有何想法。要覺察你心裡的想法。

——德裔加拿大籍心靈作家　艾克哈特．托勒我們不能用製造問題的思維來解決問題。

——諾貝爾物理學獎得主　阿爾伯特・愛因斯坦

我們所創造的世界，即我們的思考過程。思考不改變，世界也不可能改變。

——諾貝爾物理學獎得主　阿爾伯特・愛因斯坦

要懂得獨立思考，也要允許別人享有同樣特權。

——法國啟蒙思想家　伏爾泰

教育之宗旨，在於學會包容自己無法接受的想法。

——古希臘哲學家　亞里斯多德

就算把城堡蓋在空中，你的努力也不會白白浪費；城堡本該在空中。現在你要做的，就是為它打好地基。

——美國作家、哲學家　亨利・大衛・梭羅

人們會放棄自身力量，泰半皆因自認毫無力量。

——美國小說家　愛麗絲・華克

成就的巔峰極限，端視你夢想有多遠、願意付出多大努力來達成。

——美國前第一夫人　蜜雪兒・歐巴馬

我總是做不擅長的事，以便從中學習如何去做。

——西班牙藝術家　巴勃羅・畢卡索

不思改變無以進步，故步自封的人什麼都無法改變。

——愛爾蘭劇作家　蕭伯納

不論你有何才能，或夢想自己能做些什麼，放手去做吧。膽大無畏本身，即富含天賦、力量、魔法。

——德國文學家　歌德

二十年後，相較於你做過的事，那些沒做過的會令你更加失望。所以，抛出帆索，告別安穩無憂的港灣，藉著信風，揚帆出航吧。去探險。去夢想。去發現。

——美國文學家　馬克．吐溫

跳躍吧，網子自然會出現。

——禪語

如果都必須先一一化解各種可能的反對意見，那麼凡事都不必嘗試了。

——英國文豪　塞繆爾．詹森

要衡量成就的大小，就看你達成目標得跨越多少障礙。

——美國教育家　布克．華盛頓

學會走路，靠的不是遵循規則。你必須付諸實踐、跌倒，方能學成。

——英國維珍集團董事長　理查．布蘭森

我不曾失敗。我只是找到一萬種行不通的方法而已。

——美國發明家　湯瑪斯・愛迪生

一分耕耘，一分收穫。

——中國諺語

機會只與舞池上的人共舞。

——佚名

每天都做一件令你恐懼的事。

——美國前第一夫人　愛蓮娜・羅斯福

相信你的直覺。既然犯了錯，就是自己的錯，別怨別人。

——奧斯卡最佳導演得主　比利・懷德

不肯冒任何險，反而是在冒各種風險。

——好萊塢演員　吉娜·戴維斯

冒險一試：如果贏了，你會開心；倘若輸了，你會更有智慧。

——佚名

未來會獎勵那些堅持下去的人。我沒有時間替自己感到後悔。我沒時間抱怨。我只能堅持下去。

——美國前總統　巴拉克·歐巴馬

別因為結束而哭泣。要因為曾經擁有而微笑。

——美國漫畫家　蘇斯博士

中英名詞對照表

人物

三至十畫

C・S・路易斯　C.S. Lewis
T・S・艾略特　T.S Eliot
小馬丁・路德・金恩　Martin Luther King. Jr
巴拉克・歐巴馬　Barack Obama
巴勃羅・畢卡索　Pablo Picasso
比利・懷德　Billy Wilder
比爾・華特森　Bill Watterson
卡爾・馬克思　Karl Marx
史蒂芬・柯維　Steve Covey
尼爾・帕斯瑞查　Neil Pasricha
布克・華盛頓　Booker T。Washington
弗里德里希・尼采　Friedrich Nietzsche
皮埃爾・杜・普萊西斯　Pierre du Plessis
伊妮・布萊敦　Enid Blyton
伊洛娜・博頓　Ilona Burton
伏爾泰　Voltaire
吉娜・戴維斯　Geena Davis
吉格・金克拉　Zig Ziglar
吉爾・海森　Gill Hasson
安・布列芙德　Ann Bradford
安德魯・伯恩斯坦　Andrew J. Bernstein

托爾金 J.R.R. Tolkien
米蘭達・可兒 Miranda Kerr
艾克哈特・托勒 Eckhart Tolle
艾美・柯蒂 Amy Cuddy
艾倫・亞歷山大・米恩 A.A. Milne
艾爾 Al
艾瑪・高德曼 Emma Goldman
艾薩克・牛頓爵士 Sir Isaac Newton
亨利・大衛・梭羅 Henry David Thoreau
杜魯・卡瑞 Drew Carey
貝內特・瑟夫 Bennett Cerf
亞西西的方濟各 Francis of Assisi
亞伯拉罕・林肯 Abraham Lincoln

亞伯拉罕・馬斯洛 Abraham Maslow
亞里斯多德 Aristotle
佩兒・史特珍・荷德 Pearl Strachan Hurd
彼得・列文 Peter A. Levine
拉爾夫・沃爾多・愛默生 Ralph Waldo Emerson
東尼・羅賓斯 Tony Robbins
金髮美女 Blondie
阿爾伯特・愛因斯坦 Albert Einstein
哈羅德・寇帆 Harold Coffin
威利・尼爾森 Willie Nelson
威廉・詹姆士 William James
威爾・羅傑斯 Will Rogers

拜倫・凱蒂 Byron Katie
柏拉圖 Plato
查爾斯・舒茲 Charles Schulz
皇后・拉蒂法 Queen Latifah
皇后合唱團 Queen
約翰・伍登 John Wooden
約翰・屈伏塔 John Travolta
約翰・雅頓 John B. Arden
夏儂・艾爾德 Shannon L. Alder
拿破崙・波拿巴 Napoléon Bonaparte
格倫儂・道爾・梅爾頓 Glennon Doyle Melton
海倫・凱勒 Helen Keller
海瑟・布魯爾 Heather Brewer
班傑明・迪斯雷利 Benjamin Disraeli
納撒尼爾・霍桑 Nathaniel Hawthorne
馬可・奧里略 Marcus Aurelius
馬克・吐溫 Mark Twain
馬庫斯・拉什福德 Marcus Rashford
馬塞爾・普魯斯特 Marcel Proust

十一畫以上

偉恩・戴爾 Wayne Dyer
梅・蕙絲 Mae West
理查・布蘭森 Richard Branson
理查德・泰德斯奇 Richard Tedeschi
陶樂絲・派克 Dorothy Parker
傑伊 Jay

凱瑟琳・普爾西斐 Catherine Pulsifer
勞倫斯・卡爾霍恩 Lawrence Calhoun
博恩・崔西 Brian Tracy
喬依斯・邁爾 Joyce Meyer
提摩西・費里斯 Tim Ferriss
湯瑪斯・愛迪生 Thomas Edison
華倫・巴菲特 Warren Buffett
菲特烈・布赫納 Frederick Buechner
塞繆爾・詹森 Samuel Johnson
愛列克絲・芮坷莉芙 Alex Ratcliffe
愛蜜莉亞・艾爾哈特 Amelia Earhart
愛蓮娜・羅斯福 Eleanor Roosevelt
愛麗絲・華克 Alice Walker
溫斯頓・邱吉爾 Winston Churchill
路・瑞德 Lou Reed
路易・史密德 Lewis B. Smedes
路德・伯班克 Luther Burbank
雷茵霍爾德・尼布爾 Reinhold Niebuhr
歌德 Goethe
瑪莉・施密奇 Mary Schmich
瑪莉安・威廉森 Marianne Williamson
瑪雅・安傑洛 Maya Angelou
維吉尼亞・吳爾芙 Virginia Woolf
蓋瑞・史賓斯 Gerry Spence
蜜雪兒・歐巴馬 Michelle Obama
赫拉克利特 Heraclitus
歐普拉・溫芙蕾 Oprah Winfrey
魯爾夫・杜伯里 Rolf Dobelli

蕭伯納　George Bernard Shaw
蕭律柏博士　Dr Robert H. Schuller
黛咪・洛瓦托　Demi Lovato
羅柏・布勞特　Robert Brault
麗莎・海斯　Lisa M. Hayes
麗塔・莫瑞諾　Rita Moreno
蘇斯博士　Dr Seuss

心理學專有名詞

三至十畫

內在力量　inner strengths
化學平衡　chemical balance
心理健康　mental health
心像　mental image
失能家庭　dysfunctional family
正向思考　positive thinking
正面用意　positive intention
正面特質　positivity
正面動力　positive dynamic
皮質醇　cortisol
皮質醇濃度　cortisol level
全稱量詞　universal quantifiers
同理心　empathy
妄想性思考　delusional thinking
自我否定　self-denying
自我肯定　affirmations
自我責備　self-blame
自我覺察　self-aware

自信　self-confidence
自尊　self-esteem
妒忌　jealousy
災難思考　catastrophising
言語虐待　verbal abuse
身體意象　body image
幸福感　well-being
肢體語言　body language
非語言溝通　non-verbal communication
侵入性想法　intrusive thoughts
建設性的批評　constructive criticism
思考模式　way of thinking
施虐者　abuser
虐待關係　abusive relationship

負面思考　negative thinking
負面特質　negativity
負面偏誤　negativity bias
負面動力　negative dynamic
神經元　neurons
神經可塑性　neuroplasticity
神經路徑　neural pathway
逆向回饋　reverse reward
個人發展　personal development

十一畫以上

接受與承諾　Acceptance and Commitment
現實　reality

理性　rational
創傷後成長　post-traumatic growth
復原力　resilience
悲憫心　compassion
揣測人心　mind reading
焦慮　anxiety
發熱者　radiators
結果視覺化　outcome visualisation
結構　structure
嫉妒　envy
極端思維　polarised thinking
概化　generalisation
睪固酮　testosterone
罪惡感　guilt
解釋風格　explanatory style
資訊超載　information overload
過程視覺化　process visualisation
慢性壓力　chronic stress
榨乾者　drains
網絡　networks
認知行為療法　cognitive behavioural therapy (CBT)
認知扭曲　cognitive distortions
認知錯誤　cognitive errors
影響圈　Circle of Influence
憤恨　resentment
擔憂　worry
隧道思考　tunnel thinking

隱藏潛能　hidden potential

轉念提示　thought-changing prompt

關注圈　Circle of Concern

覺察　awareness

驗證性偏誤　confirmation bias

書籍／媒體

《小熊維尼》　*Winnie-the-Pooh*

《正向思考：藉正向思考找到快樂並達成目標》　*Positive Thinking: Find happiness and achieve your goals through the power of positive thought*

《哈比人》　*The Hobbit*

《與成功有約：高效能人士的七個習慣》　*The Seven Habits of Highly Effective People*

其他

〈丹妮絲〉　*Denis*

分段時間　split time

北卡羅來納大學　University of North Carolina

正向路徑　postive path

地方證人服務　local witness service

刺蝟保護區　hedgehog sanctuary

〈波希米亞狂想曲〉　*Bohemian Rhapsody*

空熱量　empty calories

前鋒　striker

紅十字會　Red Cross

英國國民信託組織　National Trust

英國導盲犬協會　Guide Dogs for the Blind Association

國際特赦組織　Amnesty International

單口喜劇演員　standup comedian

路邊平行停車　parallel parking

綠色和平　Greenpeace

蓋洛普　Gallup

播客　podcast

樂施會書店　Oxfam bookshop

衛星導航　satnav

貓咪保護協會　Cats Protection

你可以很煩，但要馬上甩掉它

破百種小方法，讓你立即擺脫負面思考，保持正面行動的力量

作者　吉爾・海森（Gill Hasson）
譯者　薛芷穎
主編　劉偉嘉
特約編輯　周奕君
校對　魏秋綢
排版　謝宜欣
封面　萬勝安
社長　郭重興
發行人兼出版總監　曾大福
出版　真文化／遠足文化事業股份有限公司
發行　遠足文化事業股份有限公司
地址　231 新北市新店區民權路 108 之 2 號 9 樓
電話　02-22181417
傳真　02-22181009
Email　service@bookrep.com.tw
郵撥帳號　19504465 遠足文化事業股份有限公司
客服專線　0800221029
法律顧問　華陽國際專利商標事務所　蘇文生律師
印刷　成陽印刷股份有限公司
初版　2020年4月
定價　320元
ISBN　978-986-98588-2-3

歡迎團體訂購，另有優惠，請洽業務部 (02)22181-1417 分機 1124、1135

特別聲明：有關本書中的言論內容，不代表本公司／出版集團的立場及意見，由作者自行承擔文責。

國家圖書館出版品預行編目 (CIP) 資料

你可以很煩，但要馬上甩掉它：破百種小方法，讓你立即擺脫負面思考，保持正面行動的力量／吉爾・海森（Gill Hasson）著；薛芷穎譯．
-- 初版．-- 新北市：真文化，遠足文化，2020.04
面；公分 --（認真生活；7）
譯自 : Positive thinking pocketbook : little exercises for a happy and successful life
ISBN 978-986-98588-2-3（平裝）
1. 自我實現 2. 成功法
177.2　　109002549